Nesten som magi

Chand Svare Ghei

Nesten som magi

Chand Svare Ghei

Bok 1

Andreutgave © 2011 Chand Svare Ghei

Grafisk design:
Craft & Chiron og Chand Svare Ghei

Coverbilde/Fotoillustrasjoner:
Viola Depcik

Distribusjon:
www.chasvag.com

Utgitt på eget forlag
www.chasvag.com - e-mail: don_chand@chasvag.com

ISBN 978-82-998681-0-5 (trykt)
ISBN 978-82-998681-1-2 (e-bok)

Hele sommeren hadde de små sommerfuglene virret rundt.

Hun gliste mot ham i taxien – men det var over.

*Små ben løp ned til kaia. Stjernene og
månen var vitner til tårene.*

En knyttneve opp – en ed!: «Jeg skal aldri elske igjen».

Dedikert til:

Den person som fikk meg til å innse at jeg selv måtte ta tak i selve livet for å virkeliggjøre mine drømmer. Denne boken er et produkt av mine livsdrømmer.

Spesiell takk til:

Gunn Marit Kaizer Nisja, Viola Depcik, Jan Håvard Bleka, Rosel Svare og Marianne Fredriksson

Takk til:

Stine, Bjørn, Klaus, Ixchell, Christian, Arne Martin, Per Kristian, Kai Arne, Mathieu, Mikjel, Lene, Tommy, Linda, Kari, Birger, Morten, Jarle, Kristian, Yngve, Anita, Terje, Odd, Nell, Elisabeth, Sigurd, Agnieszka, Magda, Sigurd, Kian, Paul, Ågot, Joakim, Sandro, Edith og Fabian

Intro

«Uansett hvor søkt det noen gang kan virke så finnes det en snev av sannhet i ethvert ordtak.» – Hovedpersonen

Rommet er tett av røyk. Stint. Tett. Lufta føles uutholdelig. Ute er det sol – alt for mye sol, selv om alt av gardiner er trukket for. Solskinnet truer seg inn, uønsket. Jeg svetter. Sliter. Leiligheten er full av alskens oppsop, mennesker som har samla seg i løpet av kvelden og natta. Alle sammen er fulle og nedopa. Slitne etter nattens harde rangel.

Jeg vet ikke hvorfor jeg alltid ender opp med å røyke hasj. Jeg liker det ikke i det hele tatt. Rusen får meg til å føle meg totalt uvel i timesvis. Jeg tar meg til hodet og ønsker meg nykter raskt som faen.

Heldigvis er det bedre når man har drukket først. Alkoholen nøytraliserer noe av hasj-effekten, og er jeg heldig blir jeg bare sløv. Denne gangen har vi røyka alt for mye. Pipa har vært starta i allefall åtte ganger, kanskje mer. Uvisst å si.

Alle cellene i kroppen blir mer følsomme og jeg kan kjenne hvordan den dårlige luften påvirker meg. Jeg kjenner hver en celle i kroppen. Det er helt motbydelig. Hjertet pulserer. Tinningene banker.

Og jeg tenker halve tanker. Raskt. I et så hardt kjør at de rekker ikke forme seg til språk før jeg er på vei med å tenke videre med minst seks nye tanker – og jeg aner ikke hva min forrige tanke var. Tankene rekker aldri riktig å forme seg til språk.

Motsetninger. Alt jeg tenker – tenker jeg også motsetninger til. Alt som er rett – er også galt. Hele verden er lagd av svingninger. Men også motsvingninger. Alt er kaos, men likevel orden.

Strupen er tørr. Jeg drikker vann, og jeg kan kjenne hver dråpe når den renner nedover. Det er helt jævlig. Hvorfor ender jeg alltid opp med å ta hasj? Fordi jeg er en feiging og ikke tør å si nei. Jeg er en stusslig feiging. Ingen blir imponert over meg når jeg sier ja.

Menneskene rundt meg. De fleste har jeg ikke sett før. De har ramla inn i livet og leiligheten min – på mystisk vis – på vanlig vis – sånn som skjer på lange rangeler. Alle med sine historier og skjebner. Alle rusa – hinsides forstand. Det kan godt hende noen har tatt hardere narkotikum også. Det ville ikke forundre meg.

Del A
Rosa

«Jeg vet ikke om noen bedre måte å holde seg unna
sannheten enn å sørge for at jeg aldri forblir lenge
i en tilstand av nøkternhet.» – Hovedpersonen

Han visste ikke hvorfor – eller hva det var med denne dagen. Hva som gjorde den annerledes enn en hvilken som helst annen søndag? Det er en indre følelse man en sjelden gang får. Fylleangsten, tømmermenn, grønn gørr opp av halsen er alle fast inventar. Det dype naget om at han hadde gjort noe han ikke burde og den spøkelsesfylte jakten etter minner om hva som hadde skjedd – mens sagbruket møysommelig sager i vei ...

Ute var det særdeles vakkert, selv så sent på året. Etter vanlige beregninger burde det være bikkjekaldt ute, slik at han kunne hatt enhver unnskylding til å kaste bort dagen på senga, foran TV-en og ikke minst med en liten bjørnunge for å reparere bort tunge, truende tanker. Men så var det altså så forbanna fint vær og han fikk dårlig samvittighet og tvang seg til å gå en tur i sola.

Det var ett eller annet som var galt med denne dagen.

Det var nesten 20 grader ute. Han kunne traske rundt kun i T-skjorte, spradene som en liten unge. Det var ikke ofte han gikk ut i det hele tatt, så det var nokså uvant og han ønsket seg rett tilbake til sofaen og en kjedelig actionfilm – med kjappe replikker og null tankevirksomhet. Tenking gjør vondt.

Noen ganger blåste det lett, vinden tok liksom kjærlig tak og ristet ham, For å si: Du må komme deg ut oftere! Overraskende nok hadde den friske luften en god smertestillende effekt på ham. Tømmermennene tok pause.

Det er ett eller annet feil med denne dagen!

Men hva er det? Det fine været? Ett eller annet jeg gjorde i går? Er det noe som skal skje i løpet av dagen?

Han ble urolig av slike tanker, bilder fra kvelden før trengte seg inn til ham. Mot sin vilje så han en rosa hatt. Ei jente i rosa hatt. Men ikke faen om han kunne huske ansiktet hennes. Han hadde alltid vært dårlig på ansikter – men dette? Han husket ikke engang hårfargen. Bare den jævla rosa hatten som tronet på toppen.

Hva hadde han gjort denne gangen?

Ikke det at han ikke hadde gjort mye rart i fylla tidligere i løpet av sitt korte liv som han kunne angre på eller glede seg over – avhengig av hvor pervers han egentlig var. Ikke det at han ikke hadde kjent fyllenerver ta seg overende før. Nei – det måtte være noe annet.

Han var heldig, det var sånn vidunderlig natur der han bodde. Mystiske myrlandskap og åser som både luktet og utstrålte mysikk. Mystikk som han aldri fanget opp fordi han foretrakk innestengtlukta av seg selv. Uflaks for ham.

Etter en halv time med tumlende skritt og alt for mye frisk luft snudde han seg om for å returnere hjem. Hjem og rett i seng – forhåpentligvis. Men selvfølgelig; noen hadde lagt ut feller for ham. Han sklei – føttene mista grepet og i et øyeblikk var han ikke i kontakt med jorda i det hele tatt.

Han så svart – og en rosa hatt.

Som ved alle andre øyeblikk der tid og sted blir strukket utover det normale kom han etter et lengre tidsrom hjem til senga. Smått mørbanket og med et svakt minne av en jente som han ikke husker utseendet til.

Når man er fyllesjuk – er det eneste man ønsker å sove bort dagen – men i det øyeblikk man ligger på senga, er man så alt for urolig i kroppen til å sove. Så blir man liggende i halvsvime og døse, faretruende plaget av halvspiste minner og lukten av forderva kropp.

En surrende, irriterende lyd tvinger seg inn i ørevingene. Hvis det er det noe som er mer irriterende enn surringen av et insekt som du ikke ser når sinnet er i ferd med å sveve avsted på de evige marker – så var han glad for at han ikke visste hva det var.

Han kastet seg irritert rundt for å finne synderen. Langt oppe i mørket ved takbjelken kunne han skimte en svart flekk. Var det en bille? En bille? Han hadde da aldri hatt biller i huset. Fluer, edderkopper, ja, men biller, nei – aldri! Han måtte være i dårligere form enn han trodde.

Det var ett eller annet feil med denne dagen.

Men da han reiste seg opp for å undersøke saken nærmere så var billen borte. Inne i øregangene hans surret den ennå. Faen og. Det er en sang med Per Bergersen hvor han sier «Når jeg er fyllesjuk skal jeg aldri mer drikke meg full», sånn føltes det akkurat nå. Han var på randen av å knekke sammen.

Så begynte skjelvinga. Det er ikke ofte han drakk så mye at han fikk skjelven, og da som oftest kun etter dagevis på bøttefylla uten stopp, mål eller mening. Da skalv han så jævlig at han ikke fikk ro. Enhver bevegelse gjør så vondt at det er bedre å la være – men å ligge stille smertet mer enn han kunne tåle.

I timevis skjelver han, løper omkring og aner ikke hvem eller hva han er. Ligger stille og ber enhver som ikke gidder å høre om at ... bare det slutter ... da skal han aldri røre alkohol igjen. For en billig løgn. For en sart sjel. Og det vet jo alle.

Billene surrer i hjernen. Ørene prøver å stenge deg ute, men du kjenner alle skjulte stier. Du er skitten og etterlater morkne spor. Hva vil du, svarte bille? Finn deg et annet hus å leke i!

Senere, mye senere demret tankene hans igjen. Han ringte et par kompiser, prøvde å høre uanfektet ut mens han fiska etter spor fra i går. Det er alltid et meget delikat spill. For man vet aldri hvor mye fylleangst kameratene har, hva de husker og hvem.

Men han fikk noen spor angående jenta. Ikke mye, men likevel – hun fantes. Han hadde kalt henne bitch fordi hun ikke slapp ham inn til seg, og forlatt åstedet i fortvilet forbannelse. Hvilken idiot han var. En liten anti-Don Juan.

Skulle han oppsøke henne igjen, eller la det være? La det

forsvinne i det mørke rommet av smuldrende fylleminner? Han var fylt av nådeløs tvil. Helt til telefonen ringte.

Av en eller annen grunn har den frekkhet å kalle jenter «bitch» en merkelig funksjon. Det virker som de liker det – hvor enn mye de later som de hater det. Kanskje er det det faktum at det støter dem; når noe i dem som utløser *det*. Eller kanskje det er en grunn til at kvinner har vært horer i uminnelig tid? Men i allefall, han hadde en date – en søndagsdate. Det virker hver gang.

Perfekt!

Nå måtte bare kjæresten hans ikke finne ut av det. Passe på så feil venner ikke ble involvert.

Perfekt!

Tankesystemet var i gang. Unnskyldninger, svik og et garn av løgn tegnet seg over netthinnen. I løpet av brøkdelen av et sekund var han klinkende edru igjen. Spaserturen hadde gjort sitt. Er det noe han var god på var det løgn. Et lite glimt i øyet, et uskyldig smil og alle tror at han er ærligheten selv.

Dusjing, skifting av klær. Barbering. Parfyme. Hårgele. Ritualer. Rundt en time senere var han klar. Klar til nye dyster. Klatre nye fjell som ingen har besteget før. Slå ned sitt lille flagg. Kreve herredømme over nye domener.

Han tok henne med på den beste italienske restauranten han visste om. Hadde ikke vært der på årevis. Han kunne ha spart seg. Det er så teit dette med å deite damer på fine restauranter for de pirker jo bare i maten likevel. Måtte nok finne et bedre alternativ neste gang. Men det var søndag og trygg pakke –

han hadde hatt nok slit i dag med den jævla billa. Etterpå dro de på kino. Kjemien stemte – alt var sånn det skulle.

Det var enkelt nok å invitere seg selv med opp til hennes bopel når han slapp henne av. Hele cluet med å sjekke damer er å være kald – kynisk – juge som faen og spille akkurat de registerne som får damene til å bli ville etter deg. For det meste er det samme regla hver gang med enkle modifikasjoner for pikens personlighet.

Det er som i poker – har du de rette korta på handa – scorer du – og hun vil elske deg for evig og alltid – lenge etter at du har satt kroken på døra.

Da han kom hjem venta kjæresten hans fortvilt hjemme – hun hadde kommet på overraskelsesvisitt. Ja ja – damer har det med å komme med uvettige ideer som har en tendens til å skape furore. En halvtime med falske utsagn var det han trengte for å bringe henne tilbake i trygghet.

Alt var godt og han var på vei til å sovne inn. Til høyre for ham lå hun – søvnig og trygg allerede. Han smilte skjevt.

Det er en rosa hatt som danser i hodet hans. Det er en surrende lyd av en bille i øret hans. Det er noe som kniper seg i brystet. Kroppen skjelver uten grunn. Han reiser seg opp for å fjerne billen. Knuten i brystet brer seg over hele kroppen. Det er noe som er så innmari tomt og vondt inne i ham.

Han studerer billen. Det er en marihøne. En svart marihøne med røde prikker. Han tror knapt sine egne øyne. Det har han aldri sett før. Hva betyr det? Bakoverønsker? Hva slags pervers verden er det som avler svarte marihøner?

Hva betyr det?

Han lurer marihønen over på armen sin. Han rister av frykt. Vet ikke om det er et godt eller dårlig tegn. Uvelheten stagger ham.

Han går ut på trappa. Det er mørk og stjerneklart. Nydelig. Inne i ham – bare tomhet. Marihøna flyr av sted.

Et ønske om et bedre liv svever inne i hjernen hans.

Stille.

Del B

Bakeren

«Jeg forstod så alt for sent at det var meg selv
som var nøkkelen til min lykke.» – Marian

Når man går langs loslitte bakgater, trange, kronglete med pussig hyggelig utseende skulle man noen ganger tro at man faktisk hadde kommer til en perle av en by. En by med sjel. En sånn by man med glede kunne skryte til andre at man hadde vært i – men akk så fort virkeligheten krampaktig river deg ut av idyllen.

Det er selvfølgelig Rotterdam vi snakker om – og måte til råtten by skal man lete lenge etter. Det er som om alt stinker – stinker uansett hvor man snur og vender på seg. Det er direkte slitsomt. Det eneste man ønsker er å slippe ut av byen så raskt som mulig, helst før det har gått et døgn.

Men alle er ikke så heldige – ganske mange bor, lever og mer eller mindre sliter til livets opphold akkurat i Rotterdam. Man kan kanskje synes synd på dem. Men så er det jo så mye å synes synd på her i verden. De jævlene som oppholder seg her – har seg selv å takke.

Peter og hans tilsynelatende beste venn Martijn slang gatelangs nedover smugene. Som små gutter ofte gjør hadde de snoket til seg noen penger fra lettlurte foreldre til å kjøpe seg litt snacks. De visste om en rett fantastisk paibaker på andre siden av byen fra der de bodde. Så det hendte rett og slett at de snek seg av sted – to seksåringer alene igjennom den store byen – på eventyrjakt etter gode bakevarer.

Jeroens paier og kaker ble laget på tradisjonelt nederlandsk vis – skikkelig gammel bakerkunst – faktisk var den type bakerier nesten utdødd og man kan godt si han var en siste påminnelse om sin tidsalder. Godt var det.

Selve oppskriftene hadde Jeroen videreutviklet fra tidligere arbeidsplasser og skoler. Fra å lage tradisjonelle nederlandske resepter med alt for mye sukker og alt for lite smak – hadde Jeroen gjort sitt for å utvikle seg til å bli en rund, diger bass – smakt rettene på en smakfull smal vei hvor de utviklet seg til rene ferske delikatesser som enhver som var så heldig å få smake ville bli fortapt i for resten av livet. Bedre paier fantes det ikke. Kundene var avhengige.

Jeroen ga de små guttene akkurat det de pleide å få – det de likte best. Som vanlig så ga han et romslig «småguttavslag». Jeroen var en smart baker. Han visste hva som trengtes for at folk stadig skulle komme tilbake. Prisene hans var riktignok stivere enn de fleste, men det slapp man glatt unna med litt service og vidunderlige paier.

Guttene kunne ikke vente, og selv før de hadde stukket nesa ut av butikkdøra hadde de munnene proppfulle av pai og krem. Det var et muntert syn – kanskje for alle bortsett fra barnas foreldre.

Å drive steinaldersbedrift i tråd med Jeroen krever ikke bare et godt smakshjerte, men også en god del standhaftighet – i år etter år – å se rundt seg at det blir færre og færre som ham selv – men likevel bestå – på gamlemåten.

Det er klart at Jeroen hadde flere lure triks i ermet enn de fleste andre bakere – men når du er personen selv føles det ikke alltid sånn – mange ganger er man usikker og det føles riktig ensomt på toppen – kanskje er det derfor man har konger på topper og hauger?

En av Jeroens beste bakere hadde nettopp sluttet og Jeroen var meget bekymret for å få ham erstattet. Nå var han så heldig at den ene utsalgsjenta han hadde – Marian – også hadde ferdigheter som en jevnt over dyktig baker – hun fikk fylle en slags dobbeltstilling hvor hun måtte gjøre begge jobber, men med kun ti prosent økning i lønn, selvfølgelig.

Marian syntes at Jeroen var en meget omtenksom mann som ga henne sjansen til å vise hva hun dugde til som baker (dum som hun var skjønte hun ikke at dagene som selger var rosenrøde i forhold til bakerens stressende liv) og i tillegg lot henne få mer lønn. Alt er så fint når mennesker ser det beste i ting og er takknemlige.

Men Jeroen hadde ikke noe som lignet på noen personrekrutteringstjeneste så han var plent nødt til å fikse alt selv. Slik er det når du skal ha alle penga selv. Mer arbeid – mer kontroll.

I beste tro: Jeroen var en mann som trodde på det meste som var godt og slo ifra seg det meste som var trist og vanskelig i livet. Det var slik han levde glade og ubekymrede dager – selv når problemene hopet seg opp hos ham. Jeroen snudde problemer om til prosjekter som han lekent og elegant briljerte til suksess sånn omtrent åtti prosent av tiden, de resterende prosentene eksisterte ikke. Han var en åttiprosentmann.

Han satte inn annonser i aviser og på Internett. Han lot ordet gå sin lille telegrafrunde og med ett hadde han et mylder av søkere. Under Jeroens briller og en eller fire flasker rødvin ble søkerne rått og brutalt sortert og til slutt satt han tilbake med fire mulige kandidater.

Etter Jeroens mål var dette kremen av Rotterdams utsalgskvinner. Han var en tradisjonell mann og han tenkte på bakere mest som menn og utsalgsbetjente mest som kvinner. Marian hadde gjort en såpass god jobb som baker at han hadde ikke problemer med å snu dette synet så lenge det gagnet ham selv. Dog var han fortsatt sikker på at utsalgsbetjentene burde være kvinner. Digre, fete kvinner med et hyggelig lynne og bestemoraktig tone til å lure på enhver stakkar en ekstra kake.

Midt oppe i utvelgingsprosessen gikk livet sin vante gang – og så stoppet prosessen helt opp. Helma, Jeroens datter kom i problemer med sin ektemann. Det ble så ille at hun ønsket skilsmisse.

Over lengre tid ble Marian stilt mot veggen fordi hun jobbet i dobbelt stilling. Hun klagde aldri over det fordi hun var en skikkelig kvinne, men det slet på – både på henne og familien. Det var på ingen måte egentlig verdt de ekstra pengene. Som følge av det ekstra slitet hadde Marian dog intet overskudd igjen til å bruke så mye penger som før – så det virket på sett og vis som om familien var så mye mer velstående; den urgamle ti prosent ser ut som femtiprosent-dealen.

Helmas liv stoppet helt opp. Det var slutt. Ikke noe glede

igjen. Jeroen lot seg ikke røre for mye. Han stilte opp for sin datter på en måte som kun de beste foreldre kan gjøre. I løpet av få måneder var den uønskede herremannen ute av Helmas liv og hun var allerede i sving med å bygge et nytt og fint et. Riktignok havnet hun på et guttekjør uten like. De neste tre årene så hadde hun et tredvetalls gutter. Hun trivdes sånn passelig med det – og ikke minst – de holdt smerten unna. Ti år med smerte – tre år å helbrede, billig.

Jeroen kunne fortsette å file seg igjennom de gjenværende to kandidatene (De to andre hadde funnet seg noe bedre å gjøre). Jeroen var ikke fornøyd. Den første kandidaten – Angelik, var den han ville ha – men nå var det for sent. Derfor så tok han bakermotet til seg og oppsøkte Angelik på hennes nye jobb.

Første gangen han kom dit – var hun ikke til stede. Andre gangen han kom dit – var hun ikke til stede. Jeroen ante fred og ingen fare. Tredje gangen han var der – svarte hun ja. Og Jeroen ble en glad mann.

Første gangen Angelik betjente Peter og Martijn, fikk de ikke sitt vanlige avslag samt at de fikk dårlig service – det tok hele seks uker før de returnerte.

I løpet av disse seks ukene var Angelik på jobb kun fire dager, usammenhengende. Stakkars Marian hadde jobbet livet av seg så lenge at hun var på randen av et sammenbrudd – hun bare visste det ikke selv. Angelik møtte rett og slett aldri opp på jobb – hun var syk, forsov seg, hadde problemer hjemme, eller kom med enhver annen dum unnskyldning.

Jeroen rev seg i håret. Når man først har kontrakt er ikke slue unnasluntrere lette å bli kvitt. Så lenge unnskyldningene holder mål, er det lov.

Offisiell klage må til. Jeroen hadde ingen som helst erfaring med den slags unnaluring, og det gjorde jo ikke ting bedre. Hva skulle han gjøre? Han søkte profesjonell hjelp – fikk det – ikke spesielt bra hjelp – nederlendere er jo ikke kjent for kvalitet, og alle kunne ikke være som Jeroen – men det svei på pungen likevel.

Han sendte Angelik et varsel – et klagebrev. Og nå startet en serie av offisiell drittkasting – Jeroen trodde ikke sine egne øyne – at det var mulig? Han hadde nok sluppet billig unna i sine yngre år som bakermester – på tide med litt bråk.

Oppe i alt dette ble Marian faktisk mer vant med å jobbe mye og hun gikk fra randen av fortvilelse til mestringens glede. Hun trivdes faktisk bedre med den doble jobbingen. Hun hadde plutselig mer overskudd en noen gang, også hjemme. Hun tok over mer og mer på bakeriet siden Jeroen så ofte var opptatt i rettslig krangel. Hun vokste seg fort til bakeriets høyre hånd. I hjemmet var det også mye fryd da hun hadde mer energi overs for barna og for mannen.

Sexlekene og leketøyene ble heftig brukt og mannens ungdomsfantasier ble med ett tilfredstilt og litt til. Noe som igjen førte til at mannen Harm fikk mer overskudd til å leke med barna og han smilte seg smidig igjennom sin egen trøtte jobb.

Sent det året ble Jeroens bakeri kåret som nederlands tredje beste bakeri. Jeroen var selvfølgelig i ekstase – han var ikke alene i toppen – nei, han hadde to rivaler han måtte ta ned. Han startet på kokkeskole på kveldstid – hvem vet hva bakermessig han skulle tjene på dette – men antagelig ønsket han å utfordre smaksløkene sine enda mer. Han tok også eksklusive bakerkurs i tillegg til jobb og slitet med Angelik.

I Jeroens verden fantes ikke de tyve prosentene med nederlag –
så han gjorde alt for å fornekte – det var en automatisk prosess
som kontinuerlig foregikk inne i skallen hans. Men så lenge
saken pågikk var han bundet til å betale Angelik full lønn. Noe
dritt – det holdt ham alltid litt tilbake.

Byråkrati – er der for å gjøre livet ditt vanskelig når du minst
trenger det – akkurat som den kristelig formede Jesus. Det
varte og rakk, det gjaldt å holde ut. Angelik ga ikke opp, og
Jeroen visste ikke hva han skulle gjøre. Han hadde jo trodd på
Angelik – trodd at hun var den beste – trodd at hun ville gi nytt
liv til bakeriet.

Det ble etterhvert femte desember og Sinterklaas og negeren
Svarteper skal lure hele det nederlandske folk med at de gir
dem gaver og sånt. En julenisse litt før tiden. Man kan lure på
hva slags tjenester og fortjenester Sinterklaas egentlig er ute
etter? Et landsomfattende lureri som nederlenderne garantert
fortjener for tidligere synder.

Selvfølgelig er det en diger fest, og nederlenderne går mann
og kvinne av huse for å feire. De drømmer om en svart jul og
feiere som egentlig er snille og gir gaver. Svarteper og sånn.

Jeroen pleide av vane å feste to til tre ganger i uken – og
likevel være frisk og opplagt til jobb dagen etterpå – men
denne natten virket det som Sinterklaas bare bøtta innpå med
litt ekstra drinker for ham. Han hadde allerede nesten mistet
koordineringsevenen før han dro ut. For en mann i midten av
femtiåra så er det en ganske tøff bragd.

Han holdt ut i fem timer til før han sloknet – i en grøftekant –

27

og selv i Nederland var det kaldt den natten.

Det var Helmas tidligere ektemann Martin sammen med Angelik som fant ham. Tok ham inn i hus. Ga ham var honning – og varmet ham tilbake til livet.

Hvorvidt det var noe på gang mellom Martin og Angelik kunne ikke Jeroen finne ut av. Det var liksom så mye smerte i det – å bli reddet av tyveprosentmenneskene – de som ikke eksisterte i hans verden. De som han prøvde å bli kvitt. De menneskene som truet hele den eksistensen som Jeroen hadde jobbet hardt for i 54 år.

Han satt der og drakk honning, varmet seg, nøt livet på vegne av en verden som ikke eksisterte. Han reiste seg – mistet koppen – og løp.

Løp. *Løper*. Hjem til sin egen verden.

Det må sies at hans verden var noe utrygg da han våknet igjen. Og enda mer utrygg da han kom til bakeriet. Han knakk nærmest sammen da han traff Marian. I sinn lille verden av fortvilelse ga han henne ytterligere ti prosent lønnsforhøyelse.

Marian ble så glad inne i seg at nå var hun sikker. Når Jeroen skulle gå av skulle dette bakeriet bli hennes – Marians Bakeri. Hun startet planene allerede. Storslåtte planer (Marian som ikke kunne smake seg til oppskrifter, en gang – og ikke var hun feit, heller – stakkars Marian – men hun trengte sine drømmer). Når ti prosent ble til femti, da ble nok ti til nesten hundre. Den kvelden var det skikkelig fest hos Marian. Man serverte noe av de vemmeligste retter man kan tenke seg (bortsett fra i Nederland) Dobbel Frikandel med Fritte og Zurvlees samt Satepizza – matretter som ville fått de fleste til å rope høylytt etter elgen – noen hadde kanskje heller spist rå, knasende insekter.

Det var en gammel mann. En mann med lang mørkegrønn, gyselig frakk og hette kom inn. Han gikk sakte – gadd ikke å stille seg i kø som alle andre – men måket seg vei mot disken. Viltre brøl kom fra noen av de andre kundene.

Den gamle snudde seg enkelt mot de høylytte. Dro hendene sine i en manisk gestur og puttet sine skinnende – stirrende øyne rett i deres. Det ble stille. Så stille i hele forretningen at Jeroen kom ut for å se hva som skjedde.

– Jeroen, jeg vil gjerne ha den beste paien du har.
– Ja, hva skal nå det være? Jeg har en meget god en som jeg laget fersk akkurat nå – med friske kirsbær fra gården hjemme.
– Ja, den i Rotterdam som kan koste på seg en gård!
– Ja, den som kan – men det er ikke så lett lenger.
– Hva er det som bekymrer deg?
– Jeg er jo en gammel mann og driver bakeri på gamlemåten. Mitt ble faktisk kåret til det tredje beste bakeriet i Nederland i år – hva sier du til det?
– Gratulerer!
– Men medaljen er ikke så gyllen som du tror.
– Nei, det var jo bare bronse – glinser ikke litt engang. Min beste baker sluttet, og etter det måtte jeg jo ansette noen nye. Så Marian, en av mine selgerjenter, tok midlertidig dobbelt stilling som baker. Jeg ansatte ei ny jente; Angelik. Jeg trodde virkelig på at hun skulle være noe, men så viste hun seg å være syk hele tiden og kom nesten aldri på jobb.
– Nettopp.
– Og så må jeg jo fortsatt betale for henne da –

– Ja.

– Så jeg vet ikke min arme råd. Jeg er jo ikke av de tøffe som tør å gå i armert konflikt.

– Men så var det – det du endte opp med å gjøre.

– Ja.

– Så du var tøff nok!

– Det var jeg.

– Fortsett.

– Ja, og så midt oppe i alt dette så var det Sinterklas og jeg endte opp i en veikant. Og aldri har jeg noen sinne endt opp slik før. Og jeg har drukket mye i mitt liv.

– Det vet jeg.

– Og aldri før har jeg blitt reddet av mine bitreste fiender. Jeg kunne ikke bære det. Jeg kan ikke bære det den dag i dag. Skal jeg prissette livet mitt? La Angelik jobbe der – eller for å si det sånn – aldri jobbe, men fortsatt få penger for det?

– Hvorfor ikke?

– Eller skal jeg si henne opp fordi hun er udugelig?

Etter dette fulgte en lang kunstpause – hele rommet ristet av forventing. Utenfor fantes nok det vanlige bybråket – men av en eller annen grunn trakk ikke larmen igjennom inn til lokalene.

– Jeg har en veldig god karnevallåt hvis du har lyst til å høre?

– Fyr løs!

Jeroen satte på en av sine favorittkarnevallåter. Stemningen i lokalet opptok seg dramatisk og allsangen begynte. Det er noe særegent med nederlendere som går i allsang – spesielt over karnevalsanger. De forsvinner fra alt det trivielle og driver seg selv inn i en vill transe – en allsang – hvor *alle* er med. Det minner om triviell folkemusikk eller noe. På en annen side er det vel noe av det samme med folkemusikk hvor enn man kommer fra, noe lyder dog bedre enn annet.

– Bra saker, men fortsett historien!
– Er ikke mer å fortelle.
– Nå er det slik, kjære Jeroen, at verden ikke er laget på en dag
– og så er ei heller de reglene som styrer ditt liv.
– Styrer mitt liv?
– Du er kanskje den beste bakeren jeg kjenner – bedre enn du
noen gang antagelig tør å innrømme selv. Dine paier får alle
til å drømme om et bedre liv og antallet matdeprimerte til
å øke hvert år. Men over alle disse tingene finnes ting som
betyr mer.
– Mer?
– Ja ja. Du har skapt deg en slags svart-hvitt-tilværelse hvor alt
som er ditt er godt og alt annet, det svarte, ikke finnes. Ikke
veldig god balanse i det hele tatt.
– Balanse?
– Ja, balanse, femti–femti prosent med sukker og gjær.
– Det er ikke balanse. Det er katastrofe!
– Kanskje har du rett og kanskje ikke. Men vi får se nærmere
på bakerkunsten en annen gang.
– En annen gang?
– Sikkert er det som før sagt – at du er en av de beste paimakerne
som finnes. Og faktisk også et bra menneske. Men i den
virkelige verden er ikke alt svart og hvitt. Martin og Angelik
er ikke dårlige mennesker bare fordi du ikke ønsker at de
finnes i ditt virkelighetsbilde.
– Jo ...
– Helma og Marian er ikke de beste i hele verden bare fordi det
virker slik for deg. Alle har sine mørkere sider, Som far har
du kanskje allerede sviktet fordi du aldri godtok disse sidene,
og Helma måtte alltid slite med dem alene. Som arbeidsgiver
har du totalt ignorert hva Marian trenger i forhold til din egen
profitt.

– Men jeg ga henne tyve prosent lønnsøkning?

– Ikke egentlig tyve prosent, men ok – det var kanskje en god gjerning hvis det ikke var noe du gjorde for å dekke over det faktum at du nesten slet henne ut.

– Hva sa?

– Slet henne ut. Marian er riktignok en sterk kvinne. Og hun ble sterkere enn noen gang før av å bli pusha av deg.

– Men hva har jeg gjort feil med Angelik? Du er så jævlig urettferdig – Angelik har jo aldri gjort jobben sin!

– Husker du dengang du intervjua henne?

– Ja –

– Hvordan du håpet på henne?

– Ja ...

– Har du glemt det?

– Nei. Jeg tok feil.

– Du tok ikke feil. Men Marian er ganske enkelt ikke ei selgerjente. Hun vil aldri bli en selgerjente. Men hun kan bli din nest mest verdifulle ressurs, hvis du bare vil.

– Men jeg vil ikke det!

– Jo – det vil du.

– Nei!

Mannen drar av hetta si og stirrer bestemt inn i Jeroens øyne. Det er ca. 30 sekunder siden karnevallåta var over. Men folk var fortsatt festlige til dette tidspunkt.

– Jo. Angelik var ditt valg! Og hun ble ditt ansvar i det øyeblikk du valgte henne. Du gikk langt for å få henne.

– Hva?

– Og det samme med Martin! Han ble Helmas ansvar i det øyeblikket hun bestemte seg for at det var dem for alltid, men så ble hun dum etterpåklok i ettertid akkurat som du prøver å være nå.

– Hva sa?

32

– Men faktum er at Angelik kan gjøre deg glad og mer til om bare du gir henne rett stilling.

– Hva skulle det være?

– Nei, nå er det sent. Her er penga dine, med en gylden ekstra som vanlig.

Nederlendere gir vanligvis ikke driks. En gylden fortoner seg nesten som en hel formue. Mannen forlot lokalet og stillheten senket seg i to hele minutter. Ute av syne er ute av sinn.

Så ble karnevalmusikk atter spilt over hele lokalet. Døren åpner seg. Petter roper: «Er det karneval allerede?»

Alle ler.

Del C
Å stjele dama til en annen

«Et loft fylt av truser, av historier som få ønsker
å høre, men mange vil glemme.» – Harald

Reven. Reven ble han kalt av de som virkelig kjente ham. Heldigvis var det få som kjente ham – og ikke traff han dem ofte, heller. Så til vanlig gikk han under ett av sine egentlige navn: Omar.

Omar levde av sitt forretnings- og livskonsept. Han dro fra by til by. Etablerte et lugubert bar/nattklubb-prosjekt i konkurranse mot byenes harde nattlivsstand. Han kjørte happy hours, spesialpriser, karaoke, disko og hva som man måtte trenge for å få kunder.

Han var ikke-troende muslim. Han brukte sine medfødte menneskelige kunnskaper til å tilegne seg billig arbeidskraft fra unge umodne ungdommer. Utnyttet usikkerheten deres. Brukte trusler og vennskapelige gester om hverandre for best vinnings skyld.

Han slapp inn jenter ned til 16 år. Mange tok han med seg opp.

Og når tidene ble vanskelige «faket» han konkurs – og dro videre til neste by. Han hadde bedre tilgang til jomfruer enn noen annen.

Dette var et konsept som passet Reven bra. Han var kanskje ingen lykkelig mann, men han var mer suksessfull enn de fleste. Reve-konseptet passet ham.

Harald satt på en barkrakk ved baren. Bestilte ti shots – de var bare ti kroner stykket. Så gikk han tilbake til gutta. Denne natten skulle han ha seg. En middelaldrende mann i frakk med hette satt ved siden av i baren, strakk seg fram: «Jeg betaler denne runden».

I løpet av natten sjekket han tre damer samtidig – i forskjellige rom. Han fant på unnskyldninger og løp fra rom til rom for å klare dem alle. Han var nervøs, men likte spillet. På et tidspunkt holdt det på å skjære seg, da de alle var i samme rom. Men på underlig vis og med litt hjelp av Kong Alkohol klarte han brasene.

Han endte opp i en bakgate med den ene av dem. Bakfra – uten øyekontakt. Og så husket han ikke mer – før han var i seng. Ranglene hans var harde, usammenhengende og uten moral eller hensyn til noe. Det var bare et under at ingenting skikkelig galt skjedde, eller kanskje gjorde det det?

En av disse tøffe kveldene møtte han Linda. Linda var stilig pen, ren i trekkene. Han ble pladask forelsket. Så forelsket at det holdt med å sjekke opp henne. Han prøvde å styre litt romantikk igjennom sitt dekadente sinn.

Hun ville så gjerne. Hun likte ham bedre enn noen andre. Men hun hadde også sine sår etter noen år med ungdomsfyll og dårlig sex med fulle gutter og ølpikk. Dessuten var hun bi. Hun foretrakk pikesex da det oftere ga mer nytelse og ikke minst var skjønnere. Men hun kjente bare ei jente, Vibeke, som hun stolte tilstrekkelig på. Men til gjengjeld hadde de et fast program hver onsdag. Onsdag var den beste dagen. Foreløpig ble det ikke noe på Harald, men han hadde fått inn aksjer i hjertet hennes.

Harald hadde sommerjobb på McDonald's. Ikke av de beste jobbene – ikke tjente han bra, heller. Sjefen hans, Vidar, var sammen med Linda. Linda pleide å ringe Vidar på jobb, men etter denne natta ba hun Vidar om å gi telefonen over til Harald. I begynnelsen snakket hun med begge etter tur. Det tok ikke lang tid før hun bare snakket med Harald.

Harald følte seg merkelig uvel med å ta fra Vidar dama hans – uansett hvor forelska han var. Ikke på grunn av noen æreskodeks, men fordi han var skikkelig redd for å bli sparka. Men driftene etter henne var større en angsten.

Neste helg havnet han på sjekkeren igjen. Han startet opp tidlig og shotet langs baren og preiket dritt med Reven. Reven slo til med noen gratisrunder.

– Da jeg var 16 bodde jeg i Stockholm. Jeg pulte gamle damer i midten av førtiåra for mat og gaver. Det var ei som ikke engang brydde seg om mannen var i leiligheten. Hun bare låste oss inne i kjøkkenet. Og så fista jeg a, tok a der på kjøkkenbenken – mens mannen banka febrilsk på døra og lurte på om middagen var ferdig. Jeg feide over de gamle damene så de gikk berserk og betalte med fulle bæreposer og en gang i blant halvdyre gaver. Nå som jeg er 40 selv, ligger jeg med jenter på 17. Det skylder de meg. Jeg ligger aldri med ei dame to ganger. Og så stjeler jeg uten unntak trusene deres.

– Ja, da har du nok en av de største trusesamlingene som finnes
– kanskje den største?

– Jeg har nok det, har du lyst å se på den?

Harald ble med Reven opp til leiligheten i toppetasjen. Øverst, et rom med kuppeltak og utsikt over halve byen. Der inne fikk han se flere truser enn han noensinne ville få se igjen. Han ble flakkende i øya – han kjente en mikstur av merkelige følelser inne i seg – men holdt dem der.

Han kjente sinne og misunnelse fordi denne mannen pulte *alt* av sekstenåringer i byen – og jentene som lar seg lure er ikke mer enn horer, alt for dumme til å være verdt noe etterpå. Ikke faen om han hadde lyst til å pule noen som Omar hadde pult.

Ikke faen.

Han kjente også respekt. Det han så foran seg, truser i alle lukter, farger og fasonger, var det ultimate fallos- og mannssymbol. Det sterkeste han noen sinne i løpet av sitt liv fikk se. Det var som å ta del i en hemmelig pakt – noe skittent – råttent – en del av verdens råskap hadde skapt dette. Hadde formet mannen Omar, som igjen skapte mange unge pikers alt for raske overgang fra en lusen barndom til en skitten ungdom. Respekt!

Respekt!

Da Linda kom var Harald allerede i godt kjør og erklærte i fullt alvor at han elsket henne over alt i verden. Han gikk ned på alle fire og ga henne blomster.

Linda ville gjerne. Men hun var frustrert. Stolte ikke på Harald.

Var redd for kjærlighet. Det hadde blitt for mange gutter i det siste. Hun hadde rota med seks stykker de siste to ukene. Hun hadde også problemer med sine foreldre, de var separerte. En gang i blant ville faren hennes komme innom mora, true henne og banke livskiten ut av henne.

Hverken Linda eller mora turte å gå til politiet i fare for at det ville få faren til å gå enda grundigere til verks, faktisk så langt at ting ikke kunne bøtes mer.

Harald nådde ikke fram. Lindas øyne var døde, fulle av smerte. Hun klarte ikke å gjengjelde kjærligheten. Hun klarte bare ikke.

Harald ringte Linda flere ganger den uka, det var hyggelig å snakke med henne. Men hun sa nei til å være med ut i helga, og hun sa at hun ikke ville treffe ham mer.

Den helga var det fest hos Vibeke. Harald var til stede tidlig – han likte å starte tidlig med noe god mat. Deretter kjøre sakte i seg seks øl. Det dannet et godt drikkegrunnlag. Etterpå kunne han drikke nesten hva det skulle være uten å miste kontrollen. Han spydde nesten aldri.

Harald hjalp Vibeke med å vaske huset, han tok seg av støvsuginga. Vibeke syntes at Harald var en sånn kjekk kar. Hun visste om han og Linda og at hun ikke hadde lyst til å komme i dag fordi Harald var der.

Vibeke var så takknemlig for hjelpen hun fikk at hun ringte Linda på Haralds vegne og tvang henne over på festen, ellers ville det ikke bli mer pikesex på henne. Det med pikesexen visste selvfølgelig Harald ingenting om.

Hjemmebrenten fløt unormalt bra den kvelden. Med tid og stunder da rekkene med gjester begynte å tynnes ut, ble Harald igjen med Linda. De tyvlånte Vibeke sitt soverom, et rom som Linda hadde hatt mye glede i. Harald fikk kledt av Lindas overkropp og ga henne en øm massasje både framme og bak.

Selv om Harald kanskje hadde konsumert mer drikke enn de fleste, var faktisk dette det beste Linda noen gang hadde følt – bedre enn pikesex. Hun kjente både glede og smerte inne i seg. Smerte fordi hun ikke klarte å gjengjelde.

Harald prøvde flere ganger å komme til lenger nede, få av henne buksene. Men da stoppet hun hendene hans og spurte: «Tror du det er så lurt?». *Ja, det kan du banne på*, tenkte han, men han sa det ikke.

Med tid og stunder dro Linda hjem. I samme huset hvor Vibeke bodde var det også en annen leieboer. Ei eldre jente, Hanne, som nettopp hadde blitt singel igjen. Harald havna der på nachspiel. Hanne hadde allerede lagt seg, så hun satt kun i truse og T-skjorte og drakk saft, mens Harald supet i seg te-knekt.

Harald kunne ikke få øynene av Hanne. Av sprekken i trusa. Hanne merket begjæret og tenkte *faen heller* – de havnet i senga.

Selv om Vidar var sur på Harald for å ha stukket av med Linda, var Harald heldig. Vidar var en skikkelig fyr. Omstendighetene dro Harald og Vidar nærmere hverandre – og de ble riktig gode venner – det ble bare bedre med årene.

Linda ble nesten revemat, men slapp unna med et nødskrik.

Del D

Appelsiner og solskinn

«Magien er aldri lenger unna enn den
nærmeste Trollmann.» – Magikeren

Han lå i gresset og sparket usynkront med føttene. Han stirret
opp mot skyene. De var alle hvite. Han var bare fire år og levde
i en drømmeverden langt fra virkeligheten. Han hadde ikke
noe konsept om verden omkring seg, den var bare flimmer
og fantasi. Som lyse og mørke skyer på himmelen. Som deler
seg – samler seg – flytter på seg og former underlige fasonger.
Vidunderlige fasonger som man aldri skal se igjen. Han kunne
ligge timesvis å beskue skyene. Beskue sin verden. Men det
var alltid noen som ville rykke ham ut av det. Det var broren,
Henrik, som kom luskende blant buskene. Han hadde med
appelsiner.

Han kjente smilet bre seg. Han likte appelsiner. Det gjorde de
begge. Ferske appelsiner – han fikk ikke lov av moren å klatre
i trærne for å plukke dem, så det var Henrik sin jobb.

Når moren var borte pleide han selv å sanke dem. Store, runde,
friske, ferske, oransje appelsiner. Noen dager spiste de nesten
ikke annet enn appelsiner.

Kvelden nærmet seg som alltid; tiden snylter seg av sted som en bønnløs tyrann. Om kvelden lå han og broren tullet sammen og hørte moren fortelle eventyr. Riktig skumle eventyr med ekte hekser og hodeskaller.

Det var et godt, enkelt lite liv i solen. De små guttene drømte dvaledrømmer. Hans drømmer var som hverdagen, som skyene – på en annen plass – et annet sted.

Neste dag ble guttene med Nikos på fisketur i Stillehavet. Nikos var den eldste mannen de kjente – og de lurte noen ganger på om han faktisk ikke var fisker, men trollmann. Ofte satt de musestille og lot som de ikke var der, i håp om at Nikos skulle forglemme seg og gjøre noe trolldom.

Men for det meste var det forgjeves.

Han så utover sjøen. Bølgene som slengte seg, urolige elementer som kastet seg mot ripa. Vannet som sprutet over og noen ganger slo mot ham.

– Hvor kommer bølgene fra Nikos?

Broren begynte å flire.

– Fra andre siden av jorden, der sitter kineserne.
– Men hvordan lager de bølger?
– Det er så mange av kineserne at de alle ikke får plass på jorden, så langs hele kysten ...
– Hva er kysten?
– Kysten er der landet møter havet.
– Mm-mm, han nikket anerkjennende.

Broren satte i gang nok et latterskrik. Fuglene skrek forskrekket tilbake.

– Så langs hele kysten sitter kineserne – tett i tett – for det er så mange av dem, men akk så liten plass. Og så sitter de hele dagen og plasker med føttene i vannkanten. Det er så mange små kinaføtter at de skaper uro i vannet og så reiser bølgene av sted som små fotbrev fra Kina til oss.
– Det synes jeg er skikkelig slemt – av kineserne, altså. Hvor kommer alle kineserne fra?
– Det er det ingen som vet.

Og så lo guttene godt begge to. De sprutet vann på Nikos og la skylden på kinamannen.

Sent samme dag kom Nikos tilbake til land. I skuta hadde han to halvvåte, utslitte guttehvalper, begge sov. Skuta var full av fisk og stanken var uutholdelig. Moren stod ved bryggen og brakk seg, men ingenting kom opp.

Hun og Nikos bar med seg småguttene opp til hytta der de bodde. Så takket hun Nikos for hjelpen, kjøpte fisk av ham og ba ham på middag.

Nikos takket nei, han måtte hjemover. Sant å si kunne han ikke fordra maten hennes.

– Jeg vil ikke ha fisk, jeg vil ha appelsin.
– Appelsin får dere som dessert, men ikke før dere har spist opp fisken.

Broren elsket fisk og slafset den i seg. Selv pirket han i maten, orket ikke å stappe de ekle og benete stykkene i magen. Til slutt ble han så lei av å høre på morens klaging over musespisinga

45

at han kastet tallerkenen på golvet, hoppet av krakken, og løp ut av hytta.

Han vandret rundt i kratt og skog, opp- og nedover høyder – bare delvis til stede i denne verden. Mon tro hva slags bilder som formet seg i hodet hans?

I timevis vandret han, for det meste i krattskog, noen ganger kom han på små bergtopper og kunne se utover havet. Han prøvde å se over til kineserne. Noen ganger trodde han at han så dem, kanskje bare noen få riktig små. Han vinket til dem. De vinket tilbake.

Så ble han redd, kanskje kineseren var en slem kineser og ville komme og ta ham? Så løp han litt og krasjet inn i en mann i farten. Han visste med en gang at det var en trollmann siden han var kledd i en mørkegrønn frakk og hadde hodet dekket av en hette. Han kunne ikke se hodet, men følte de lysende øynene mot sine.

– Trollmann, hvorfor er det så mye urettferdighet i verden?
– Det er fordi du ikke skjønner hva rettferdighet er. Hvorfor det er millioner, ja, milliarder, lidende mennesker over verden? Ikke bare mennesker – men dyr og planter også. Hvorfor man har så mye grusomhet, forurensing, utnyttelse og fortvilelse? Hvorfor små gutter og jenter som du og Sofia vokser opp uten eller med feil foreldre? Hvordan dere tar med dere den urett som skjedde mot dere videre i generasjoner mot en horisont av uendelighet? Hvordan det onde går i arv og det gode ser ut til å svinne hen i bølger?
– Er det på grunn av kineserne, Trollmann?
– Nei, det er fordi du ikke skjønner deg på rettferdighet. Du skjønner deg ikke på tid, sted og en uendelighet av eksisterende eller ikke-eksisterende dimensjoner. For å forstå må man se

innenfor hva noe menneske kan se. At tid og hendelser ikke er noen rett linje. Hverken resultat som følge av handling eller handling som følge av resultat. I en moderne datamaskin kan man simulere x antall nesten uendelig antall dimensjoner bare begrenset av minne. Men mellom hver av de simulerte dimensjoner finnes skjæringene til et nærmest uendelig antall dimensjoner. Verden er analog, uten gitte grenser eller brytelser – bare grenselandet imellom.

– Men hvorfor?

– Til syvende og sist finnes det rettferdighet, for oss en rå, hensynsløs rettferdighet. Vi er bare så alt for skjøre til å forstå den. Vi skaper kontinuerlig luftslott av ideer om hva som er godt og ondt; ikke om hva som er ekte og virkelig. Vi nekter gang på gang å forstå verden som den egentlig er, forstå hva som egentlig er godt og ondt. Hva som er nødvendig og hva som er virkelig hærverk. Dette er noe vi gjør for å dekke over vår virkelige synd som er hensynsløs løgn og bedrag for å dekke over den rå utnyttelse og utarming som vi gjør på verden, naturen og hverandre. Vi læres notorisk opp fra barnsben av til å bli hyklere, til ikke å forstå hva som er galt med verden og dermed gjøre mer galt i det godes navn. Skjule det som finnes under vår egen nese.

– Men hva skjer med synderne?

– For hvert galt valg et menneske, dyr eller plante gjør får sjelen sår. Et sår som ikke lett kan heles. Og en dag – gjerne når man går over til de dødes verden, men ikke alltid – da stilles man til rette.

– Men hvis bøddelen dømmer hardt så leder vel det til mer elendighet; som i en ond ring?

– Jo. Men bøddelen er ens egen sjel og man må stå ovenfor sin egen sjels sår – ofte uhorvelig mange ganger før man forstår. Man angrer på de feil man har gjort. Som oftest har man dype og mange sår – og man ønsker febrilsk å gjøre det godt igjen. Man kan ikke rette på de feilene som er gjort, men man trygler og ber om en ny sjanse til å gjøre det man kan for å gjøre opp for seg.

– Da fødes en lyssjel?

– Ja, men noen ganger er mørket så stort og overveldende at man atter faller. Hvor mange sjanser tror du man har før sjelen er så hullete og ubrukelig at den for evig henger i helvete?

– To?

– Kanskje – hvem vet, tallet ligger i brytningene mellom to andre tall.

Trollmannen tar fram sin venstre hånd (som ekte trollmenn gjør i refleks for å beskytte sin magiske hånd) og hilser på gutten, og ønsker ham god kveld og god reise – for så å forsvinne opp i mystisk tåke.

Da han kommer hjem er mamma engstelig, men også sint. Det blir ikke noe eventyr på guttevalpene denne natten. Guttene forteller i kor om bølgene og kineserne. Moren er lett forskrekket, men smiler fordi hun synes det er en koselig historie. Hun lurer i sitt triste sinn på om guttene tror det er sant.

– Hvor kommer alle kineserne fra?

– Fra Kina?

– Men hvor kommer de fra før de kommer til Kina?

– Det er det ingen som vet, kanskje ei ond, lita heks?

– Ja, det er det, roper brødrene i kor, og så ler storebroren skingrende.

Neste dag besøker han Sofia, hun er Nikos sitt barnebarn og kommer kun på besøk en sjelden gang. Sofia er det peneste han har sett noen gang. Han har ikke noe konsept om hva det å være kjærester er – men i dag er de akkurat det.

De ruller rundt i gresset, slenger seg fra appelsintre til banantre. Roper uforståelige ting. Hvisker hverandre hemmeligheter. Leker gjemsel sammen med storebror. Utforsker nye verdener hvor ingen har vært før.

Han spør henne hvordan man sender brev til kineserne. Hun svarer ham som sant er at det finnes kun en vei: flaskepost. Sammen stjeler de en tom flaske. De kan ikke skrive, men da sier Sofia at det er greit fordi kinesere kan heller ikke skrive. De bare lager tegninger og så skjønner de andre hva man mener.

Han tror de ikke kan skrive fordi de er så små. Hun er enig. Kanskje alle kineserne kun er små barn som heksa har fanget? Hun er ikke sikker. De er enige om at de må finne ut av dette.

Sammen lager de to store ark med tegninger. Med vakre farger – appelsiner og gule soler til. Besteforeldrene synes det er søtt når barna tegner. De har lyst til å henge opp tegningene. Det får de ikke lov til.

Den dagen blir han invitert på middag hos Nikos. Nikos sin mat er så mye bedre enn mors. Broren er ikke invitert. Som et lite kinapar sitter han sammen med Sofia og slafser i seg – det som han egentlig ikke liker – fisk. Han vet å te seg når han er på besøk. Riktig fint.

Under måltidet viser Nikos sin evne til å lukke et øye om gangen for så å skifte til det neste øyet og så tilbake igjen. Barna ler og ler. Små, men koselige gleder.

Etterpå springer de ut til brygga og sender flaskeposten. På brygga stinker det – så det er rett før de brekker seg begge to. De er begge opphissa og hopper opp og ned – «Her er ditt brev, Mister Kinamann», Og så kaster de flaska langt, langt av sted – nesten til den andre siden av jorda.

Etterpå går han en lang tur med Sofia. Det er nok ikke ofte sånne små kryp går på lange romantiske turer sammen. Han kjenner lufta, vinden, lukten av Sofia, sjøen og vekstene rundt seg. Han trekker det inn til seg. Han har det godt. Hele kvelden tilbringer de sammen.

Da han kommer hjem sitter broren med en appelsin. Moren ligger døddrukken på gulvet. Nikos sitter i et hjørne med en flaske – ser ikke meteren framfor seg – babler noe som minner om uforståelige Erik Bye-låter.

De deler appelsinen og solskinnet. Det smaker bittert, men likevel godt. Han får utslett over hele kroppen. Han har spist for mange appelsiner.

Del E

Porno og Pervo i Tyskland

«Sørg alltid for å ha med deg en bunke blader når du er

på ferie, gjerne tegneserier.» – Gammelt P&P-ordtak

De hadde fiksa seg tysklandstur med en historieklasse, de trengte to mann til for å få 25 deltagere som resulterte i riktig pris. Gutta var snare om å hoppe på turen. De skulle bo på et kristent, tysk herberge i Lüneburg i en uke.

De hadde med stolthet «faka» kristne brev med dårlig skoletysk, hvor de fikk spesialinvitasjon for å drive med forkynning i Tyskland – og på den måten slapp de å skulke skolen.

De likte å fikse og trikse.

Billigturen var med buss til Sverige for så å reise med Kiel-ferja. De hadde program med inkluderte måltider. De satt og ventet på ferja mens de ble servert et merkelig måltid.

Ei jente i midten av tredveåra, tydelig forstyrra i toppen, messet om hvordan maten måtte tilberedes på «minste møyliga» temperatur. Hun ville ikke stoppe, gjentok hvordan det var vitenskaplig og bevist at mat som var tilberedt på 60 grader – var meget bedre.

Porno slo i platen, reiste seg opp og skrek: «Maten er for faen meg kald!» En annen fyr reiste seg opp, pekte på hamburgeren som hadde loffskiver istedenfor hamburgerbrød, og skrek: «Det her er inte hamburgare, det her er smörgås!»

Det hele utviklet seg i fullt kaos. Pervo satt på stolen og moret seg. Lurte på om noen av jentestudentene var klare for litt show på ferja.

Porno og Pervo stod i en gruppe blant noen dvaske svensker i et hjørne utenfor en toalettrekke. De hånet svenskene vilt med slagord som: «Få igjen Jemtland og Herjedalen!» og «Jukselappor!»

De hånlo av svenskene. Det falt ikke i smak, for en av de svenske pojkene ble voldelig. De forflyttet seg ut på dekk for å slåss.

Pervo hoppet med ett over ripa, hang full som en dupp i rekkverket og dinglet, «Svenskejævel, få se om du tør å hoppe, da!». Feige som de var turte ingen av svenskene å hoppe. Porno ble fortumla og sa «Hoppar du, hoppar jag med».

Og der hang de og dingla over rekkverket. Det var grov sjø og båten slingret fram og tilbake. «Nå, jævla svenskefaen – ikke kom her og lat som du er noe» sa de i kor og klatret over igjen.

Svenskene var stille, paffe, forsvant smygende til andre steder på skipet.

Ingen av de kvinnelige studentene i historieklassen var hyppe, de var ti par, to single og en lærer. Men Porno og Pervo så råd. Svenske flickor. Fortvilet nok var de allerede så dritings at de sovnet på et dårlig lugarnachspiel.

Det tyske herberget hadde kjedelige lovforskrifter som: «Ingen drikking og røyking på rommet». Og verst av alt: «Inn før klokka ti.»

– Her må vi til med harde midler, sa Pervo.
– Ja, jeg trur jaggu korrupsjon må til.

Det fløt lett med kronasjer til personalet. Porno ga alle gratis utlån fra bladsamlingen sin. «En av de mest komplette pornosamlingene du kan finne», skrøt han selv.

Ut på byen bar det. Rett på horehus. Horehuset var lite, skittent, med restene av gammal moro i sofaene. Horemamma var noe av det styggeste de hadde sett – horene var ikke særlig bedre.

De stakk fort videre til et digert tysk disko. Dørvaktene var store som fjell, med uttrykksløse ansikter som oste dop. De fikk sine kjipe klippekort og måtte vente en halvtime mellom hver gang de klarte å få bestille.

Begge løftet den høyre armen og lot den gli sakte nedenfor nesen.

– Jeg kjenner en sterk eim ...
– ... av fitte!

De ga hverandre fem.

Hele plassen myldret av dophoder og jåpskaller. Pervo ble så lei av å vente på drinker at han bestilte tredve tequila, ga to bort til Porno, mista to i gulvet. Resten tok han selv. Tumlet til midten av dansegulvet og spydde i ring utover hele.

Porno ble skikkelig irritert. Han hadde sett seg ut et par lettvinte tyskerberter. Nå bar han istedenfor på Pervo som stinka spy over hele. Ingen taxisjåfører ville ta dem med. Til slutt klarte han å lure en sliten tysker imot litt ekstra penger og noen pornoblader fra samlinga.

Det ble kalddusj på Pervo. Så havna han rett i seng. Porno satt og drakk Gin Tonic for seg selv. GT-en smakte i allefall godt i dag – som alltid.

Han lurte med seg noen av historiestudentene og kvelden endte med klespoker av den enkle typen. Ingen visste at Porno hadde rigget opp skjult kamera. Men til alle guttas skuffelse, nektet jentene å ta av seg alt selv om de tapte. Jenter lager alltid sine egne regler.

Neste dag stakk de på den nærmeste bensinstasjonen for å kjøpe forsyninger. I dag skulle de starte forsinga tidlig – for å feire Tyskland og misjonen – he he.

Det ble selvfølgelig GT og Gorbatsjov-vodka og en hel masse dårlig tysk snacks. På veien tilbake stoppet de utenfor et bakeri.

– Du Pervo? Skulle vi ikke kjøpe opp denne plassen, style den opp og så drive ekte tyskerbusiness?
– Ja, god idé, hva med: «Porno og Pervos – Konditori og Bordell – Har alle typer brød»?
– Jeg har i allefall et jævlig morrabrød!

Porno tok seg en tur på toalettet og studerte et tysk pornoblad «nærmere i sømmene». – Dette er bedre enn å studere historie, humret han for seg selv.

Pervo studerte andre typer brød – og vips hadde han bestilt full frokost inkludert kaffe. Han blandet ut kaffen med litt fra lommelerka, og den smakte herlig.

Klokka åtte var de allerede dritings – de klarte likevel å lirke seg ut på byen. De fant en ganske koselig pizzeria. Mens de satt der var det to småjenter som kom over til bordet deres.

– Er dere Porno og Pervo, spurte Live.
– Ja, men hvordan ...?
– Vi har lest bladene deres, svarte Hege.
– Bladene våre, men ...?

Porno ble avbrutt av Pervos hæl hardt i skinnleggen. Pervo forklarte fort og brutalt hvordan han hadde fått lurt noen fans hjemme i Norge til å oversette et par av deres blader – så hadde han fått spesialopplag og sendt det til klubber, skoler og alt sånn småsnacks her rundtomkring. Porno nikket anerkjennende:

– God idé!
– Dere gjør så mye artig, sier Live.
– Ja, har dere lyst til å pule oss? spør Hege.
– Men dere er jo knapt 13 år, det blir for lite, sa Porno

Etter at jentene hadde legitimert seg at de var lovlige bar det rett på hotell og full pakke. De delte på som riktig var. Da jentene hadde sovna, delte de en bratwurst og stappa i ræva deres, og så strødde de over med masse knust mariekjeks.

Guttene løftet fingrene under nesa.

– Jeg kjenner en sterk eim ...

– ... av fitte ...

– De liker bladene våre ...

– ... som er basert på virkelige hendelser!

– Hadde det ikke vært kult om broren til Jokke hadde tegna bladene våre?

– Dødsrått! Vi spør'n når vi kommer hjem.

Så stakk de ut på disko. Begge var så ravende fulle at de knapt kunne gå. Ble nekta adgang. Og forsvant tilbake til herberget.

Porno prøvde å få i gang stemninga til nachspiel, men ingen var sugne. Det ble en tidlig natt.

Dagen etter kom gårsdagens jenter på besøk, de var litt gufne fordi de hadde startet dagen med den finurlige «finn pølsa mi»-leken, men ble fort blide igjen da Porno og Pervo lovte å bli med dem ut igjen samme kveld.

Etterpå dro de nok en gang på innkjøp. Samme rutine som dagen før. De fant en T-skjortesjappe og spesialbestilte T-skjorter på timen. De måtte ha seg en god hvil før de var klare til å begynne.

De henta opp jentene med taxi, ga dem T-skjorter som det stod: «Jeg Puler Alle» på. Sa at det betydde noe kult på norsk. Stakk til samme pizzarestaurant. Lærte jentene å hilse på godt norsk, hvilket var å gi et godt håndtrykk og si «Unnskyld, jeg har nettopp fingra meg».

Begge guttene holdt maska og var dritseriøse. Jentene dro med seg gutta i bakgården og så fikk de halvsynkron avsugning med invitasjon om mer – bare de ble med dem hjem. Det skulle de kanskje ikke ha gjort da det ble de som våkna opp med bratwurst og andre finurligheter neste morgen.

Neste kveld bestemte gutta seg for å kjøre for fullt på diskoteket. De skulle være skikkelig ekle soss. De hadde på seg fine italienske dresser, dyre sveitsiske ur og så rett pimpete ut.

De forset kun med GT. Ikke noe øl i dag. Da de kom til inngangen av diskoteket sa Porno med ekkel sossestemme:

– Ich bin zu gross, ich kann nich eintreigen.
– Ja, du bist der grösste.

Og så veivet Porno med de lange armene sine og gikk inn på langs. Dørvaktene gjorde store øyner og skjønte ikke bæret av hva som skjedde.

De valgte så å spille gentleman-versus-drittsekk-trikset på damene, hvor Pervo var slibrig, snakket kun sex og porr. Mens Porno utga seg for å være snill og unnskyldte til stadig Pervo sine slibrigheter.

De bestilte kun øl med friske frukter, og så veivet de på servitøren: «Ja, ja, jeg sa: *friske* frukter».

Ved et bord satt to gamle karer i frakk, en i mørkegrå og en i mørkegrønn og diskuterte på høyt plan hvilket politisk system som ville være best på jorda. De var skikkelige uenige og veivet vilt med armene. Porno og Pervo «linet» seg opp bak dem, prikket begge på høyre skuldra samtidig.

– Stemmer dere vårt parti så er det slutt på alle problemene.
– Og må jeg spørre hva det partiet heter?
– Demokrati For Svarte!

Guttene ler og løfter opp hendene i gest mens de gjentatte ganger roper «DFS».

Det ble full pott for begge to – et søsterpar. Dagen etterpå fant Pervo at han hadde glemt igjen de svarte skinnhanskene sine.

Han stod i døra utkledd i fullt dressantrekk og snakket med mora. Prøvde å gjøre stemmen så sossete og ekkel han klarte på tysk.

– Ich habe meine Leiderkleidungen vergesst.

Moren sjekket og kom tilbake.

– Aber der ist zwei par Kleidungen dabei.
– Ja, ja, aber ich habe die grüsste Kleidungen!

Samme dag dro Porno på lokalt ridesenter. Pervo som ikke hadde noe til overs for riding, dessuten en dundrende hodepine, valgte å bli værende på herberget. Prøvde å legge inn aksjer på Henriette, den fineste av historieklassedamene. Han brød seg ikke en dott om at hun var sammen med Erik.

På ridesenteret jobba det ei halvfeit jente med det ubestemmelige uttrykket som hestefrelste jenter så ofte har. Da Porno var lei av å ri hest, rei han bort til jenta og sa:

– Nå skal vi pule!

Han tok henne med seg tilbake til herberget og føyk over henne på samme rom som Pervo satt. Henriette sprang ut i protest. Pervo ble lissom helt som forstyrra og startet manisk rydding av saker og ting.

Til slutt klarte han ikke å holde seg og ble med på pulinga. Om hestejentas ansiktsuttrykk var spesielt fra før, ble det perfeksjonert den natten.

Om dagen lå de pladask på rommet. Pervo høytleste fra en skikkelig råneklassiker: «Livet til Birger». Om kvelden inngikk de en avtale med ei skikkelig lekker skreppe som pleide å få seg ny fyr hver uke. Hun fikk dumme mannfolk til å kjøpe drikker til henne – som hun spanderte videre til Porno og Pervo mot at de pulte henne på slutten av kvelden.

Porno og Pervo synes det var en grei deal. De drakk gratis hele natta. Da tiden var inne, gadd de ikke å pule henne likevel, men tok seg en runk istedenfor. Dama ble selvfølgelig dritsur og liret ut av seg de verste tyske gloser noen hadde hørt. Selv ikke big horemama hadde så stygg en kjeft.

Da de var tilbake på herberget satte de i gang en ny runde med klespoker. Denne gangen tvang de jentene til å følge reglene. Det ble full pott og Porno var riktig kry for alt han hadde fått på kameraet. Riktignok hadde han måtte betale godt siden han var en dårlig pokerspiller og alle klærne hans forsvant også.

Den siste kvelden ble Porno og Pervo uvenner og sjekket damer på forskjellige utesteder. Krangelen tok så på Pervo at han drakk seg fullere enn vanlig og slengte seg ned ved et bord med ei halvlubben dame, ti år eldre enn ham selv og begynte å grine. Han grein og dama trøsta. Så grein han seg til en plass på sofaen hennes. Lovte på tro og ære at han ikke ville noe mer.

Han slang henne ned på sofaen. Startet å storkline med henne. Hun prøvde å si at det ikke var en del av avtalen. Men skitt au, tenkte hun og ble med på moroa lell.

For første gangen i sitt liv fikk hun orgasme med klærne på. Hun ble så sjokka og begeistra at hun ville ha mer. Ba Pervo vente mens hun skifta.

Så kom hun inn med sexy undertøy og tok ham i armen. Geleidet ham inn på soverommet som hadde skikkelig himmelseng. Speil rundt hele kun dekket av en del gamle filmplakater fra Casablanca.

Ikke kunne hun suge noe særlig bra. Han kjente tennene hennes skrape mot pikken hans, men hun hadde store bryster og det likte han godt.

Så startet han Pervo-maskinen. Hun kom og kom. I en evighet eller to. Etter 45 ble han så lei av orgasmen hennes at han sa skitt au og spruta inn i henne.

Han tok de rosa håndjernene på sida, festa henne fast til senga. Slengte ett av Porno og Pervo-blekkene på senga og fant veien ut.

Han hadde ingen peiling på hvor han var. Han famlet rundt i mørke. Etter to timer uten å finne vei ble han lei og slang seg ned i en grøftekant.

Porno fant seg ei høy, slank kjerring. Ansiktet hennes var ikke så bra, men kroppen var spenstig og god. Hun var syv år eldre enn ham, men det var ingen hindring.

Han ble med henne hjem og mens hun gjorde seg klar, lette han igjennom platesamlingen hennes. Han fant Twin Peaks «Dance of the Dream Man», skikkelig knullemusikk.

Så begynte moroa. Hun red og red ham. Porno humret for seg selv. Hun sluttet ikke å ri før de hadde hørt på Dance of the Dream Man tre ganger, samt Jimi Hendrix, All along the Watchtower, to ganger.

Hun blødde på venstre kneet. Geleidet ham med seg fra stua til senga. Og så fortsatte de.

Hun «husket» plutselig at hun var gift og hadde to unger. Ville ikke mer. Bare sove. Det gjorde hun på flekken. Porno var jo klar for mer og lirket den halvslappe pikken i munnen hennes, rykket fram og tilbake. Han tok bilde av det.

De kom seg tilbake på herberget bare en time før avgang. De pakket sammen sakene i halvfylla og fikk ikke engang somla seg til en dusj. Det lukta og stinka over hele bussen.

På veien tilbake stoppa de et par timer på Reperbahn. Pervo kjøpte leketøy mens Porno kjøpte film og blader. De viste pornofilm i bussen på vei til ferja. Biler kjørte opp på siden av bussen for å få med seg moroa.

Flere av parene og de to single fra historieklassa pulte vilt med hverandre den natta, bare ikke med partneren. Porno trodde han var svensk og attpåtil brannvakten – gikk berserk med brannslokningsapparatet nedover korridorene.

Pervo satt med det gjenværende paret og snakket nedsettende om all den usedelighet og utroskap de andre utførte. Pervo løy så han nesten trodde det selv.

De var så fulle at de ikke husket noe mer før etter at de passerte Svinesund. Det var en perfekt tur sa de begge i kor – og skålte med dårlig, svensk folkøl.

Del F

En ny sjanse

«Ikke kunne jeg forstå om smerten var verst første
gang jeg avslo det gode valg på grunn av redsel
eller i det jeg gjentok dåden.» – Hovedpersonen

Han følte seg så veldig gammel. Han sukket. Et langt evighetens sukk. Han ville ikke, orket ikke. Han tok hendene framfor ansiktet – forsøkte tafatt å gjemme hele seg selv inne i hendene.

– Du må komme nå, vi venter.

Marianne, hans yngste datter hadde kommet inn uten at han merket det. Stemmen var lett irritert, noe ukontrollert. Fomlete fant hendene hennes veien til hans skuldre. Hun masserte klumset, men vennlig. Han tok seg sammen, anstrengte hele kroppen som hadde mer lyst til å ramle sammen. Reiste seg og ble med.

Det snødde lett. Lette, store snøfnugg dasket våte mot ansiktet hans. På en hvilken som helst annen dag ville den ha oppløftet og gledet ham – men i dag – var snøen kun våt. Kantene av fnuggene skar mot huden hans.

Presten var rutinert og god. Han hadde gjort dette mange ganger før, men klarte likevel å få alle i forsamlingen til å føle at denne gangen var spesiell sånn enkelte dyktige prester kan. Det betydde ikke nødvendigvis at han var så mye mer hellig enn andre prester, bare dyktigere i sine plikter.

Han ville ikke være der. Prøvde å sitte så stille at han med ett forsvant og ble til ingenting. Det gjorde han med ett. Det neste han visste var at de stod utenfor og firte kisten hennes ned.

Liz, hvorfor skulle du forlate meg nå? Liz, hva skal jeg gjøre nå, uten deg? Hvem skal jeg dele dagene og kveldene med? Du kan jo ikke bare dø fra meg. Det er jo ikke riktig klokt.

Et halvdesperat «hvorfor» hoppet rundt i hodet hans. Det snødde mer. Snø på svartkledde, seriøse og stille mennesker. Vinden begynte å blåse guffent. Han stod stille – gjorde seg så liten han kunne – han lyktes igjen. Han var borte.

Han kom omsider til seg selv, men klarte ikke å ta del i tingene som hendte rundt seg. Det var for tungt – slemt ... Deres eldste datter, Harriet, og deres eneste sønn, Brynjulf, ga ham en kald skulder. Han skjønte så vel. Nå som moren deres ikke var der lenger – var det ikke lenger noe hjem. Ikke noe å komme hjem til lenger. De ønsket bare å komme seg vekk og fortsette sine egne individuelle liv.

Han hadde jo heller ikke noe av verdi å komme hjem til. Det gikk langsomt opp for ham at Liz var den som hadde dannet familien – holdt den sammen. Han hadde bare jobbet sine åtte–ti timer hver dag og ellers ligget og dratt seg i surret av kjedelige halvunderholdende TV-program. Spist sin mat og nytt familiens selskap. Uten henne var han ingenting; en fallitt.

Han kjente at han begynte så smått å dirre. Kreftene i ham forsvant – forsvant ut av ham. Han ville vekk – han ville bare dø. Han orket ikke mer. Han måtte bort fra disse menneskene. Han gjemte seg, låste seg inne på sitt soverom. Der lå han skjelvende under dyna i tre timer. Så sovnet han.

Dagene passerte forferdelig sakte. Han klarte ikke å feste seg eller ta del i noe av det andre sa eller gjorde. Han orket kun å gjøre det mest nødvendige. Han hadde sammenbrudd tre ganger om dagen. Mye av tiden ble tilbrakt sammen med dyna.

Liz! Du var jo ikke gammel nok til å dø. Hvorfor kunne du ikke la meg dø først? Hva skal jeg gjøre nå som jeg er alene? Alt er så urettferdig.

Som dagene gikk klarte han å få mer kontroll over seg selv, gjøre mer av de dagligdagse tingene. Helt enkle gjøremål roet ham ned. Han startet med å meditere og ba til Gud daglig. Han gikk lange turer langs by og bygd – noen ganger i skogen også.

Både Harriet og Brynjulf hadde vært innom flere ganger, men de var lite interessert i ham. Det var kun Marianne som tok seg tid. Men hun oppførte seg så underlig om dagen, alltid småirritert og uten kontroll. Nesten som han selv. Hadde han virkelig sviktet totalt som far?

Dette orket han ikke så veldig mye lenger. Han kom til å bli gal hvis han ikke fikk fred snart. Han besluttet å reise. Reise for å se om han kunne finne ro.

Han la opp en rute over det ganske land hvor gamle kjenninger bodde. Dro så av sted med freidig mot – land og strand rundt.

Men han fant ikke fred – hans venner hadde sine egne sørgmodige liv og var ikke interessert i å plukke i fortiden lenger.

Det var ingen ro å finne noe sted.

Han satt der i Opelen sin og kjørte av sted på vei hjem igjen. Funderte på hva han egentlig hadde utført i livet så langt. Hva hadde han oppnådd? Tre barn. Tre vellykkede og fine barn. Hva mer? Hva mer? Ikke mye ...

Mens han satt der begynte bilder og historier fra en svunnen tid å slynge seg mot ham med uanet kraft. Det var så mye som han hadde glemt. Så mange ting. Handlinger han hadde utført som i sum var en del av hans kroppslige identitet.

En gang han hadde vært seks år, hadde han møtt en svensk-kineser på biblioteket. En eldre herremann kledd i Sherlock Holmes-lignende klær. Mannen var som oppslukt i stabler av bøker.

– Du skal dø i mårra.
– Hvorfor sier du så?
– Det har jeg sett.

Så forlot han biblioteket. Hvorfor hadde han gjort det? Hvilken grusom ting å gjøre. Hva hadde drevet ham?

To dager senere hadde de møttes igjen.

– Men jeg er ikke død.
– Jeg tok feil, du skal dø i enden av denne uken. Det er jeg helt sikker på. Det har jeg sett. Bare vent så får du se også.

Siden hadde han ikke sett han. Mon tro om han var død? For noen stygge tanker. Han ønsket plutselig at han ikke hadde begynt å huske, men nå var det for sent. Bildene fra fortiden ville ikke stoppe. Han visste med ett at han måtte reise bort – bort fra alt.

Madeira. Det var stille og godt der. Lavsesong og minst mulig turister. Noen feite briter og gamle tyskere, noen skandinaver en gang i blant. Ingen han kjente. Han var anonym.

Han bodde i bungalow. Hadde terasse og en liten balkong. Det var enkel luksus. Allerede første kvelden han var der kunne han ikke vente. Han løp ut på stranden og kastet seg i havet. Det var kaldt, men forfriskende lekkert. Det var allerede sent – mørkt – han var alene på stranden.

Nå følte han bølgene, så intense, slå mot ham. Herlig saltvann. Han svømte 100 meter ut. Lekte seg dvelende. Snudde seg for å svømme inn igjen.

Strømmen var sterk, bølgene kom i ujevne kast mot ham. Oppslukte ham – slo ham under – han klarte ikke å legge bak seg distansen mot land. Han kjente han ble desperat – sliten – kulden trengte inn i margen. Han kavet desperat i 30 minutter uten hell.

Han var så sliten og trett – han ropte om hjelp selv om han visste at ingen kunne høre ham. Han kavet i nok 30 minutter til livskraften var i ferd med å renne ut av han. Var han i ferd med å dø? Hvilken stusslig pervers skjebne var det som ville at han skulle dø på denne måten?

Han dukket ned til havbunnen, kavet seg framover på bunnen så langt han kunne før oksygenet rant ut av lungene. Oppe på havoverflaten så han ikke mye forskjell – men kanskje litt? Det var verdt forsøket – han hadde fått et dypt, inderlig ønske om å leve.

Han dukket ned til bunnen igjen. Det var en langsom, slitsom prosess – noen ganger virket det som han ikke kom noen vei – men etter et evighetens kvarter var han inne på land. Han kastet seg utmattet på stranden – hutret. Et rødt flagg veivet på flaggstangen ikke mer en 50 meter fra ham.

De første to dagene var det strålende sol. Han var så full av tanker om alle tingene han ville utføre. Guidede turer over hele øya. Safarier, båtturer, fallskjermhopp (hvis han ikke var for gammel?), leiebil ... Han planla mye hele tiden. Hodet hans gikk i surr.

Men det ble liksom ingenting. Når ting kom til stunde hadde han ikke krefter – orket ikke – for det meste gikk han lange turer. Slikket litt sol eller tok seg en deilig svømmetur. Han hadde ikke svømt på mange år – faktisk hadde han ikke hatt ferie på åtte år. Åtte år? Hvorfor dro han aldri på ferie?

Så fulgte fire dager med regn. Han holdt seg for det meste inne. Han fikk sammenbrudd igjen – holdt seg for det meste i sengen. Han kjente i kroppen at han var blitt så uendelig gammel. Synet hans dabbet av, selv med briller ble det vanskelig å se. Ting omkring ham ble utvisket til skygger. Kroppen var vanskelig å slepe med seg. Det gjorde vondt over alt i ham.

Hvorfor hadde ikke han også dødd?

Han tenkte på Liz. Altfor mye på Liz. Hele tiden på Liz. Tenk på at kroppen din ligger der nede i jorda. Død og skal ligge der i 30 år og bare råtne. Hva er så gudelig med det? Hvorfor skulle hun være så sta? Så sta, og ikke spesifikt velge kremering i testamentet sånn som han og Marianne hadde gjort? Han hadde tryglet og bedt uten resultat.

Tenke seg til – *akkurat nå kryper det ormer og andre kryp over det legemet som jeg så mange ganger holdt rundt og elsket.*

Han orket ikke tankene. Ville ikke tenke. Men de fortsatte å komme mot ham.

Sengen hans lå mot balkongen, som var av glass. Han kunne ligge på sengen og beskue den skjønneste utsikt: stranden, havet, bølgene og en vakker stjernehimmel. Han kunne ligge der og drømme seg bort mellom stjernene. En genial måte å kombinere seng og utsikt. Han ville ha det sånn hjemme også.

Solen kom tilbake og ting ble bedre. Freden begynte å bre seg over ham. Han oppdaget roen i naturen. Han luktet buskene. Beskuet hvordan de svaiet i vinden med uante rytmer uten bekymringer eller lidelse. Han så havet – det mektige havet – det led aldri noen nød. Svingte på seg i harmoni med universet. Vind som suste i ørene hans brakte ham lukter av saltvann og blomster.

For hver dag som gikk følte han seg mer i live enn på mange år. Ja, kanskje mer enn noen gang. En kveld på sine lange vandringer møtte han en katt med bare ett øye. Det andre var nylig revet ut. Han tenkte som så at katten hadde vært uheldig i ett slagsmål og var gått fra å være perfekt formet til totalt misformet. En katt med bare ett øye, det ser ikke fint ut.

Han tenkte på hvordan alle alltid klager over at det er økonomiske nedgangstider, men når man er på kjøpesenterne kjøper alle menneskene bare mer og mer, og dyrere og dyrere ting. Men hvor ble det av alle de fattige? Hvor var alle taperne? Hvor var alle de mongoloide? Hvor var de handikappede? Hvor var kattene med bare ett øye? Skjult av samfunnets kollektive skam.

Han beholdt katten. De ble riktig gode venner. Den var helt svart fra topp til tå. Han hadde aldri brydd seg om katter før. Han visste ikke hvordan han skulle se forskjellen mellom hunn eller hann, men det var ikke så viktig for ham. Ting generelt var ikke så viktig lenger. Han kalte den bare Pusen.

Det var en av disse dagene han snublet inn i Sunniva. Sunniva var hans andre kjærlighet. De møttes gående mot hverandre på hver sin side av veien.

Det virket nesten som om han hadde sett det før, som déjà vu. Så selvfølgelig å møte henne akkurat der. De hilste. De gikk begge over for å møte den andre. Noe klomsete stod de midt i veien.

– Hvordan kjente du meg igjen?
– Du har kanskje blitt eldre siden sist, men du ligner fortsatt deg selv.
– Du også, bare penere.
– Takk ...!

De besluttet å gå ut på middag sammen. Det var så hyggelig og godt. Livet fikk ny mening. Å være sammen med Sunniva ga ham trygghet som han ikke hadde følt på lenge.

De gikk lange turer sammen, pratet om så mye. Om livet, om barna sine, om sine kjære. Hun hadde vært nede sammen med familien, men mannen og barna dro hjem en uke før på grunn av hverdagslivets plikter. Hun hadde fått lov til å bli en uke til mot at mannen fikk en uke ekstra neste år.

Hun brukte en riktig nydelig, forførende parfyme. Han elsket den. Han lot øynene sine danse over henne. Hun var så vakker – så levende – og klok. Han elsket henne.

Skam.

Han burde skamme seg. Hun var jo gift og han hadde elsket Liz. Hvor var den kjærligheten nå? Han måtte passe seg. Måtte ikke elske denne kvinnen. Men orket ikke å la være. Han klarte ikke.

Den gang han hadde passert 40 hadde han begynt å tenke så mye på døden. Den hadde virket så nær ham. Han hadde følt seg så gammel og utslitt dengang.

Døden lå liksom bak neste dør og ventet på ham. Men så hadde han ikke dødd likevel. Tankene hadde med tid og stund kretset tilbake til jobb og TV.

Igjen hadde han lurt døden og fått livet tilbake om enn bare for resten av uken.

Kattens tidligere eier, en merkelig mann kledd i grønn frakk med hette, kom til ham.

– Jeg har hørt at du tar vare på min katt?
– Å, er det din katt?
– Du burde visst bedre. Min katt er bare min. Ikke til utlån.
– Jeg beklager. Jeg har tatt godt vare på den.

Han følte seg uvel og usikker. Han klarte ikke å se mannen tydelig. Øynene sviktet igjen. Mannen fortonet seg som en skygge bak brillene.

– Men siden du har tatt godt vare på den skal jeg gi deg en sjanse. Hva skjedde med øyet?
– Jeg vet ærlig talt ikke, den var sånn da jeg fant den.
– Han, det er en hann!
– Han var sånn da jeg fant ham.
– Er du sikker?
– Ja.
– Ja, jeg tror deg, du ser ut som en ærlig mann.
– Kan jeg sette meg ned?
– Ja, selvsagt.

Mannen satte seg ned, tok pusen på fanget, lekte med den. Nå så han så dårlig at mannen og katten ble til en og samme skygge.

– Du ser, magikerne, de har en lov som sier at man skal gjøre det man vil bare man ikke lar sin vilje gå mot noen andres vilje. Hvis man utøver sin vilje sådan, vil universet selv, urkraften i alle ting, hjelpe deg å oppnå dine innerste ønsker.
– Ja?
– Men samtidig så er det i relaterte kretser beskrevet hvordan alle ting, mennesker, dyr, planter, mineraler, kanskje til og med tanker har sin egen sjel. Sådan er den mektige loven om å utøve egenvilje ikke kraftig i det hele tatt da man alltid vil møte viljen til noe annet siden alt har sin egen vilje.

Den mørke flekken på brillene hans danset, flakket så merkelig. Han burde nok oppsøke en øyelege. Han prøvde å forestille seg hvordan katten så ut med to øyne. Mest av alt irriterte mannen ham. Hva ville han med alt dette snakket? Var han gal? Han prøvde å gjøre seg liten og forsvinne igjen. Denne gangen uten å lykkes.

– Noen mener selvfølgelig at det kun er mennesker som har sjel. Til å begynne med på jorden fantes bare noen fåtall mennesker, nå flere milliarder, så sjelene bare hopper ut fra ingensteds og følger kroppene våre. Det er nesten like dumt som å tro at noen ting her i verden betyr mer enn andre. At noe er mer verdifullt enn noe annet. Subjektivt er det jo noen som har mer makt – er flinkere – smartere enn andre. Men objektivt er alle er en del av mangfoldet av et enormt universelt maskineri som i sum utgjør helheten. Gud kjenner hver eneste gjenstands subjektive liv og mening. Sågar i den er man Guds midtpunkt. Einstein var ganske nær en gang, men bommet også stygt. Hvis menneskene ikke hadde hatt øyne så hadde han jo endt opp med å si noe sånt som: «alt er relativt unntatt lyden». Nå er det riktignok mye mer i Einsteins teori enn dette, men er grunnlaget feil så forplanter den seg. Nei, det er mer riktig å si: «alt er relativt bortsett fra kjærligheten». Den som omkranser oss og finnes i alt og alle.
– Skal jeg dømmes?
– Alle er verdt like mye. Alle er like viktige. Alt er ett. Og alle de tingene der. Det er så mange som snakker om disse ordene. Ord som at ting ikke skjer tilfeldig, men at hendinger tiltrekker hverander, men det er så få som forstår dem. De fleste tør ikke forstå – rømmer fra det – som du rømte fra det.
– Hva mener du?
– Du har tenkt mye tilbake på ditt liv, hva du har utført. Du føler skam inne i deg fordi du ikke føler at du har gjort noe i det hele tatt. Du sitter og funderer på alle de ting du skal utrette nå som du starter på nytt, men samtidig føler du skam for den kjærlighet du nå føler for Sunniva.
– Hvordan vet du, har hun fortalt deg?
– Så lite du skjønner ... Ja, nei, nå er det sent og jeg bør stikke.
– Ja, det bør du.
– Ikke prøv å være frekk, jeg har som før sagt at jeg ikke liker

at noen tjuvlåner katten min. Og enda verre er det at den har mistet et øye.

– Hva heter han?

– Hva mener du?

– Katten ...

– Å ja. Den heter Fatima.

– Men det er jo et jentenavn.

– Spiller ingen rolle, det vel, er jo fint navn, da.

– Du ønsket deg en jentekatt. Ha ha. Du ønsker at han var en hun!

– Ja ja, din frekkas, alle har sine svakheter, vet du.

– Har mennesker tvillingsjeler?

– Har sjeler tvillingsjeler, mener du? Har materie antimaterie? Hva skjer når materie møter antimaterie? Hva skjer hvis man møter en tvillingsjel og den er på et helt annet nivå i hierarkiet? Kanskje den er et dyr eller en sten? Kanskje en erkefiende?

– Ja, men har man en tvillingsjel, og i så fall hvem er det?

– Du må følge hjertet ditt. Det er kun hjertet ditt og sjelen din som vet det. Du må lære deg å høre etter.

– Hvorfor er du ikke mer trist over øyet til katten?

– Det er meget ondt her i verden. En ting er mangfoldet. Mangfoldet av natur, mennesker, skjebner som må til for at verden skal bli som den er. En annen ting er all den grusomhet som finnes: barnearbeid, slaver, gift, utarming av naturen. Det er ondskap og må bekjempes. Men de fleste er mer opptatt av å kjempe sin egen egotrip for et bedre videoanlegg eller en årlig reise til Syden.

– Mener du at jeg istedenfor å reise hit burde bekjempe ondskap? Det blir litt drøyt.

– Drøyt? Nei ... Alle må bekjempe ondskap ellers vil ondskap alltid bestå! Men nå må jeg gå.

– Hvem var hun?

– Hvem?

– Fatima?

– Hun er fortapt kjærlighet.

– Som du gjenopplever igjennom katten.

– Skal jeg fortelle deg om hvordan han mistet øyet?

– Men du sa ...

– Jeg løy. Jeg spiste øyet. Øyet har så mye muskler. Det er det beste du kan spise bare man holder seg unna selve pupillen.

– Du er faen meg kvalm, stikk nå.

Så var han og katten borte. Han gikk inn for å pusse brillene. Han følte seg sørgmodig over at katten var borte. Selv om katten levde visste han at den var borte for alltid, akkurat som Liz.

Den siste tida hadde han lært at det alltid kom noe nytt. Verden var alltid i bevegelse og full av overraskelser. Både gode og vonde. Han skulle til øyelegen neste dag.

Det var deres siste tur sammen. Han vandret lenge med Sunniva. Sa ikke mye i dag. De satte seg ned på en benk. Han lekte med håret hennes. Han så henne i øyene.

– Jeg tror jeg elsker deg.

– Du bør være forsiktig med hva du sier.

– Det er det jeg føler.

Han bøyde seg over henne og kysset henne. De kysset. Han elsket henne. Men så skjøv hun ham vekk. Han ville mer ...

– Jeg har vært død i fem år.

– Hva?

– Du og Marianne døde også i krasjet.

– Hva?

– Men ...

– Glem det, Liz venter på deg over på den andre siden, det er
  på tide å gå hjem.

På en måte visste han det. Hadde vel bare ikke turt å innrømme
det. Ønsket om å leve nok et liv – et verdig liv var så sterkt i
ham. Kaldt og blodig konfrontert med sannheten visste han at
det ikke var noen vei lenger. Han var død.

– Hva med Marianne?
– Du bør hente henne og ta henne med deg over, stakkar hun
  har det ikke bra med seg selv. Kanskje du skulle ha tatt deg
  mer tid til henne – enn å sitte her og dyrke deg selv.
– Men ...
– Ta det med ro, jeg skal ikke si noe til Liz.

Så smilte hun – et smil han elsket så mye – men akkurat nå
hatet han det kanskje litt. Blunket med øynene og forsvant.

Del G

Kenneth Johansen

Første oppdrag

«Hvor edru må man egentlig være for å
løse en kriminalgåte?» – *Kenneth*

Det var en sparsommelig treroms leilighet. Det var rot over alt. Tomme ølflasker og pizzabokser henslengt på de verste steder. Man kunne bare undre seg på når noen hadde ryddet der sist. Luften var innestengt; en typisk ungkarsbolig.

Det var Åshilds søte stemme som vekte ham. Han kunne for all del ikke oppfatte ordene. Hjernecellene surret. Smaken av dårlig hjemmebrent og alt annet han hadde supet ned i går truet i ganen. Lungene jamret seg over for mange røyk. Hvor mange hadde han tatt? Tre tyvepakninger? Fy faen! Det var for mye. Hennes stemme traff hjernevinningene og det gjorde innmari vondt. Han satt seg opp, gned seg i øynene. Sakte klarte han å konsentrere seg nok til å oppfatte ordene ...

– Det er en Karianne Hensott utenfor som så absolutt vil snakke
  med deg. Sier det er viktig.
– Gi meg tid til å dusje og sånn.

– Hun sier hun ikke har tid til det.

Faen og.

Han dro på seg skitne, illeluktende klær fra gårsdagen. Tok et halvtomt glass med whisky fra dagen før og skylte det ned. Rullet seg en Rød-Mix mens han åpnet opp.

Hun var usikker på hva hun hadde forventet seg – men i allefall ikke dette. Foran henne stod en tussete, uryddig kar. Det mørke halvlange håret stod til alle kanter. De brune irisene var alt for små og omkranset av rødt. Klærne var uryddige. Og stanken: han stinket alkohol.

Han stod der som en rockabilly med sneip i kjeften. Hostet og harket, spyttet grønn gørr på marken til høyre for henne. Hun tenkte at hun måtte ha kommet feil.

– Hva vil du? Stemmen hans var full av utålmodighet og hån.
– Er du Kenneth Johansen?
– Jepp – i levende live og til tjeneste.
– Har du en dårlig dag?
– Det fins ikke dårlige dager, bare dårlige morgener og kvinner
  som ønsker å vekke en stakkar alt for tidlig.
– Den er elleve.
– Det er jo faen meg tidlig!
– De fleste er nesten kommet til lunsjpausen allerede
– Jeg bryr meg tødd om hva de fleste gjør. Nå, lille frøken, hva
  er du ute etter?
– Jeg har en sak.
– Og hva er det? Har du mista bissevoven, din stakkar? Eller
  er det kanskje noen som mobber broren din?

Han gjorde stemmen sin barnslig og ertende. Hun hadde mest

lyst til å snu seg og stikke, istedenfor ga hun ham et skikkelig hurpeslag. Fortumlet veivet han fra side til side, var ikke vant med at jenter slo.

– Jeg har en skikkelig sak, er du interessert eller ikke?
– Kom med det, da.
– Det er Karsten Beitablikk, kjæresten min, han har tatt selvmord.
– Ja, det var jo trist.
– Men jeg har mine tvil på at det er selvmord, han var ikke typen.
– Det sier de alle. Kom inn så får du gi meg resten av opplysningene.

Hun kjente seg tydelig vemmet over leiligheten hans. Og lukta, nei, her orket hun ikke være.

– Glem det.
– Hva?
– Etter hva jeg ser her tror jeg neppe du er noen kompetent privatdetektiv, du er jo et svin.
– Ha! Alle privatdetektiver er svin, visste du ikke det, søta? Nå, sleng deg ned på sofaen så skal jeg hente rødbrus og småkaker.

Nok en gang kjente han et slag, denne gangen på venstre kinn.

– Jeg er ikke interessert i dine sarkastiske kommentarer. Hvis du ønsker klienter bør du i allefall rydde kåken din.
– Ekke min skyld at Åshild ikke kan rydde, vel.
– Rydd selv, da vel!
– Ikke faen! Det er for kjerringer og drittunger.

Hun avsluttet med en ørefik. Men så startet de business. Kenneth var så fyllesjuk at han bare ønsket å duppe av. Istedenfor var han allerede i gang med sin andre Rød-Mix og en sterk kopp kaffe.

Karsten hadde kjørt seg i hjel mot en bergvegg. Ikke noe spesielt i det. Selvmordsbrevet var slik:

«Ha det, drittverden, jeg gidder ikke mer»

Signert og datert dagen i forveien. I og for seg hadde Karianne ingen bevis på at det ikke var selvmord. Men hun gjentok mange ganger at Karsten hadde vært i godt humør om dagene og hadde gang på gang sagt at snart skulle noe stort hende.

– Hva skulle det være?
– Jeg vet ikke, jeg prøvde å få det ut av ham, men han holdt munnen.
– Hva tror du det kan ha vært?
– Jeg har tenkt mye på det. Kanskje en ny jobb, ekstra penger, eller kankje et frieri.
– Frieri, jepp, og så kjørte han seg ihjel istedenfor.
– Du er en drittsekk!
– Jepp, hvordan har du tenkt til å betale?
– Jeg er ingen rik person, hvor mye tar du?
– Jeg jobber faen ikke gratis!

Han løy. Livet som privatdetektiv var bedrøvelig. Med en time ekstra på øyet ville han gladelig ta denne jobben gratis. Det fleste av sakene var «mystisk» forsvunne gjenstander som folk hadde glemt at de hadde lånt bort. Sånt det ble det ikke penger av. Utroskapssaker var det også en del av, de brakte inn penger spesielt hvis man kjørte dobbeltspill. Det var dog alltid triste affærer. En gang i blant hadde han hatt saker med forsvunne personer. Som alltid endte opp som de verste familiedramaene.

Han hatet familiedramaer.

– Jeg skjønner det, men ... har ikke mye.
– 5000 kroner i uka pluss omkostninger.
– Jeg vet ikke om jeg har råd.
– Så lån penger av noen!
– Ok ...
– Elsket du ham?
– Hun nølte, hun var ikke vant til den slags spørsmål.
– Ja.

Foran ham satt en skjønnhet, blondt langt hår som lekte lett når hun vrikket på hodet, som hun ofte gjorde. Riktignok hadde hun brukt en del sminke. Parfymen dro ham i nesen og blandet seg med sneipen hans. Han lurte på om han skulle utnytte det faktum at hennes kjære var borte til å få seg litt.

Hadde ikke vært dumt, det.

– Jeg trenger alle opplysninger om Karsten som du kan gi meg. Hvem vanket han med og hva han likte? Du må fortelle alt. Hun nikket. Snakket, men det gjorde fortsatt vond å snakke om det, så det var bare noen få ord som strømmet ut av ganen.

Så snart hun var ute av huset stupte han i senga.

Han hoppet i Escorten og suste av gårde til ulykkesstedet. Det var en svart Golf 98-modell som hadde sett bedre dager. Han humret for seg selv mens han hoppet ut av kjerra si. Tok bilder av stedet, gjennomsøkte bilen. Han fant ikke mye: en tom plastflaske som lukta hjemmebrent. I bagasjen var 50-km-dekket løsnet, og under det lå verktøyet hulter til bulter – men det var ingen jekk.

– Detektivfaen, hva gjør du her?

Han snudde seg og stirret rett inn i det mørkegrå øynene til Harald Haraldsen, den mest ubrukelige lensmann i manns minne. En taper av en mann i midten av tredveårene. Da han som tredveåring ikke hadde klart å fullføre noen ting hadde faren brukt sin innflytelse til å skaffe ham jobb. Harald var en slank og spinkel mann. Hentesveisen alt for fremtredende for alderen, så man la ikke merke til at nesa var alt for liten og øynene hadde en ørliten hang til skjeling.

– Leker litt katt og mus med politietaten!
– Ikke bland deg i våre saker, eller så skal jeg mose skallen din.
– Selvmord?
– Jepp, saken er lukket alt så du kan bare stikke hjem og drekke
   deg snydens igjen.
– Bra, jeg liker det best sånn, «Hårfagre».
– Harald ga ham et hardt slag i magan.

Kenneth for sammen, visste så godt at han ikke kunne slå tilbake.

– Nå husker du å ikke kødde med de kule gutta.
– Purkesvin!

Etterpå rånet han seg til Reidar Tettstad etter sigende skulle ha vært Karstens beste venn. Han hadde ingen forhåpninger om å finne ut noe her. Det var jo ofte sånn at folk som hang mye sammen ikke turte å fortelle hverandre de dypeste sannheter. Noe annet naget ham mer, selvmordsbrevet. Det var noe helt feil med det. Men hva? Kanskje han bare ønsket det, kanskje var det bare et straight selvmord. I så fall skulle han utnytte det fullt ut på Karianne.

Krestveien 18. Huset var stort, kritthvitt og med sykelig rene linjer. Utenfor inngangen var et mål med nydelig hage og nyplantede bjørketrær. En grønn metallic BMW 323 stod pent plassert i oppkjørselen. Her var det fint å bo.

Kona, Elisabeth, kom gående ut av døra, hilste på Kenneth. Unnskyldte seg med at hun skulle på jenteshopping, men at mannen var inne. Hun ruste av gårde. Kenneth så på blendet av misunnelse, han skulle nok aldri blitt privatdetektiv.

– Jeg vet ingenting om saken. Vi var bestevenner hvis du i det hele tatt skjønner hva det betyr.
– Hold kjeft Reidar, og fortell meg det jeg trenger å vite.
– Hva?
– Jeg veit godt hva du har drevet med og med hvem. Jeg har bilder og alt.
– Hva er det du insinuerer?
– At Elisabeth kanskje ikke blir så glad hvis hun får høre om sidesprangene dine.
– Hvordan vet du ...
– Kenneth Johansen, dedikert privatdetektiv og utpresser til din tjeneste.

Han løy. Han hadde ingenting på Reidar, men han visste jo at de fleste var utro nå og da så med litt overbevisning og spill kunne man presse nesten enhver person.

– Fy faen, du er en dritt!
– Jepp.
– Han drev og leverte hjemmebrent for Henriksen. Du veit Henriksen?
– Jepp, alle vet, løy han.

Noe mer enn dette hadde ikke Reidar å si. Da Kenneth var på

vei ut av døra så han en merkelig bevegelse i vinduet, snudde seg, skimtet Reidar som kom imot ham med kniv. Lynraskt dukket Kenneth og dro Reidar over seg og rett inn i døra. Døra knakk i to.

Det overrasket ikke Kenneth. Før i tiden hadde hjemmebrent vært noe mange drev på med litt på si. Det var akseptert norsk kultur. Etter som man hadde løsnet på grensene og blitt så EU-vennlige så hadde diverse nådeløse og brutale asiatiske mafiaer kjempet seg inn på markedet. Spredt seg som bråte, raskere enn svartedauden over det ganske land. Selv de mest inneslutta bygder slapp ikke unna. Hjemmebrent var ikke lenger kultur. Det var død.

Å rote opp i hjemmebrentsligaer kunne få mang en stakkar drept, selv involverte nordmenn hadde tatt til seg de asiatiske metodene. Til tross for pengene som Reidar hadde, trodde ikke Kenneth at han var innblandet i driften selv, og kniven hadde nok bare vært tegn på godt gammalt norsk raseri.

Han lot Reidar ligge og rånet seg videre. Torleif «Fisken» Henriksen var verre å hanskes med enn de fleste. Alle visste at han hadde svin på skogen. Ingen klarte noen gang å få noe på ham.

Kenneths hjerne prøvde fortvilet å finne på en metode for at han kunne få opplysninger ut av Fisken.

Statoilstasjonen lyste grelt mot verden. Escorten svingte inn og stoppet opp rett bak en annen Escort. Kenneth var tom for Rød-Mix. Samtidig trengte han å fylle litt. Han var ikke akkurat stinn av gryn, så det ble bare ti liter.

Lyden av månedsmuggen listepop slo mot ham da vinduet i

den andre Escorten rullet ned. Det halvfeite trynet til Birger smilte mot ham.

– Hva skjer?
– Nei, du vet, sjekker ut selvmordet på Karsten.
– Er vel ikke mye å forske på, vel, er jo dau, da. Hvem var han sint på?
– Hva mener du?
– Du veit jo når man tar selvmord er det jo fordi man er sint på noen som sårer, kjæreste eller foreldre eller noe.
– Du, Birger, jeg har ikke tid nå, må stikke.
– Ja, blir du med å kjører noen runder til helga?
– Tror det ...!

Noe hadde plutselig gått opp for ham.

Birger så med målløse øyne på hvordan Kenneth småløp inn og betalte for seg, for så å haste seg tilbake inn i kjerra og skjene ut. Han lurte på hva som hadde gått av gutten.

Det var godt å slippe listepopen i øra. Han reiste hjem. Han var på sin andre rullings da han kjørte inn i innkjørselen. Strenet inn i huset. Hentet en frossenpizza, Grandiosa, fra frysen og slengte den direkte inn i stekeovnen på 220 grader. Blandet seg en whiskycola og satte seg ned på stua.

– Åshild, jeg veit hvorfor det ikke kan ha vært selvmord.
– Ja?
– Selvmordsbrevet var for kort. Når mennesker begår selvmord så skriver de alltid lange selvmordsbrev for å «hevne» seg på dem som er levende tilbake.
– Joa, du har et point, men jeg er ikke helt overbevist.
– Det er fordi du er en kald kjerring og ikke skjønner deg på sånt.

– Det kan være.

Åshild var Kenneths virtuelle assistent. Hun var spesialimportert gjennom noen dirty kanaler fra Singapore. Hun var mester i systematisk kartlegging av spor og sammenhenger.

Å trene henne opp til å kjenne igjen og forstå stemmen til Kenneth hadde vært en mareritt. Hun hadde tvunget ham til å legge fra seg noe av dialekta og knote seg inn i nye lingvistiske eventyr.

Pen var hun, hadde egen hologramprosjektør så hun kunne vise seg fram fra sine beste sider. Prisen hadde vært en formue, men det var likevel billigere og mer praktisk enn å ha ansatt en virkelig sekretær.

Åshild fortalte at Karianne hadde vært innom og fortalt mer om Karsten. Karsten hadde visst vært arbeidsledig og spedd med inntekt ved å ta svarte strøjobber. Hun hadde inderlig bedt om at de ikke sladret til politiet.

Så ringte han Karianne.

– Det er drømmemannen din.
– Hva?
– Alle kvinners privatdetektiv!
– Kenneth?
– Jepp.
– Jenter drømmer om Brad Pitt og Tom Cruise, ikke et stygt fyllesvin som deg.
– Brad og Tom drikker, de au. Men tilbake til business. Jeg lurer mer på hva det var Karsten jobbet med.
– Det var sånn altmuligmann-greier, maler og snekker for det meste.

– Vet du hvem han jobbet for sist?

– Jeg vet egentlig ikke, det høres kanskje dumt ut, men jeg ... ja ... Vi snakket ikke så mye om jobben hans. Når jeg tenker meg om burde jeg jo ha vært mer interessert.

– Ja, spesielt siden du elsket ham!

– *Elsker*!

– Whatever ... hvis du finner ut noe mer om jobben hans – ring meg. Lyst på middag?

– Ja, sulten er jeg, men å dele kjøpepizza med deg er ikke akkurat fristende. Fikser nok det sjøl. Jeg vil ha så lite med deg å gjøre som mulig.

– Takk som byr!

Han skulle akkurat til å fortsette samtalen med Åshild da han hørte et forferdelig smell. Et plutselig lufttrykk. Røyk og flammer steg opp av Åshild.

Noe varmt stakk ham i ryggen, han jumpet rundt. Bak ham stod en enorm tysk boler. Militært kortklipt, kritthvitt hår. Vasne blå øyne ute av stand til å fokusere. En diger cal. 38 Smith and Wesson-revolver. Det rimet liksom ikke helt: boletysker med revolver. Tyskere har så mye rart for seg.

– Jeg er Bjørn. Hvis du rører deg, dreper jeg deg!

– Kenneth Johansen, privatdetektiv, jeg runker raskere enn min egen skygge, jeg kommer i øyet ditt før du fyrer jernet i meg.

Ut fra mørket, med totalt mangel på sjarm tråkket en feit, gammel mann på rundt 60 år. Grått hår, med en særdeles lite innbydende Pål Bang Hansen-sveis. Ansiktet fullt av slapp hud og valker med minnet om besøket av noen få hundre for mange strippeklubber sveiset inn i porene.

Kenneth skjulte at han var redd.

– Mr. Henriksen, så hyggelig. Jeg var akkurat på vei til deg. Jeg har noen spørsmål jeg vil stille deg.
– Her er det jeg som stiller spørsmålene.
– Å nei, du, gamlefar, har du glemt at det er jeg som er den kjekke og tøffe detektiven. Du er den slaskete motbydelige skurken som har en lang skjebne bak lås og slå foran deg.

Bjørn slo ham hardt i ryggen. Unevnelige saker fra gårsdagens fyll rullet rundt i ham og truet med å komme opp.

– Som sagt er det jeg som stiller spørsmålene, men siden du er en sånn frekk faen så tror jeg nok likevel at du bør bøte med døden, og da kan jeg jo likevel fortelle deg det du har lyst til å vite.

For en dust, tenkte Kenneth, nå kommer han til å avsløre alt, nå trenger jeg bare finne en måte å overleve på. *Men det blir ikke lett ...*

– Jeg er medlem i et gigantisk verdensomspennende forbryternettverk.
– Å ja. Heter det: Teite feite menn som ikke får den opp lenger?
– Du skjønner ikke hvor stort det er det du har rota deg inn i. Vi opererer på mange nivåer med selvstendige celler og separate koder og sambandssystemer. Det er få eller ingen som egentlig kjenner hele organisasjonen og sådan kan ens nærmeste nabo være en del av organisasjonen uten at man vet det.
– Høres skikkelig spennende ut, skal vi leke hviskeleken? Naboen er nynazist.
– Faen, vi har ingenting med nazister å gjøre. Organisasjonen har også spesialagenter med egne prioritetsemblem som

opererer rett opp i mot den høyere kommando som har sine egne kommandoemblem. På mitt nivå så skal man være heldig om man noen gang får se noen av disse.

– På lavt nivå og hjemmebrenning så gir de jo faen i deg.

– Jeg dealer også heroin.

– Ja ja, fint å høre. Åhh, du er nok dritviktig.

– Du er en forbanna møkksopp!

– Og du er en ikke fullt så sleip liten fisk, men kanskje en vakker dag blir du kyssa av en padde og forvandlet til ei feit, bortskjemt prinsesse.

– Karsten var en av disse spesialagentene. Her om dagen trengte han vårt sambandssystem for å kontakte en Ahmed Omar Mehar i Israel. Jeg vet ikke om det er selveste sjefen, men han hadde i allefall det høyeste kommandoemblem jeg noen gang har sett. Siden dette dreier seg om big business ønsket jeg en del av kaka. Jeg fingerte liksågodt Karstens selvmord. Men faen om jeg har fått fatt i en del av kaka ennå. Hvis du ikke var i ferd med å dø, skulle jeg ha ansatt deg for å snuse litt.

– Så hyggelig av deg!

– Godt natt, narkoludder.

Bjørn slo ham nok en gang hard i ryggen og beordret Kenneth til å knele. Det ble for mye for Kenneth. Han kastet opp en foss av ugjenkjennelige matrester. Noe over seg selv.

Bjørn var en hard mann. Han hadde sett og gjort mye dritt som de fleste ikke en gang kan drømme om. Men stanken av spy klarte han ikke. Kunne ikke holde seg. Han brakk seg og spydde selv.

Kenneth var snar om å benytte sjansen. Han tok drinkglasset og slengte resten av colawhiskyen i trynet til Bjørn. Deretter grep han en kniv og presset den rett inn i hjertet hans. Bjørn skrek.

Blod piplet ut. Kenneth dro til Bjørn igjen for så å dra kniven ut av brystet. Blodet begynte å sprute. Et hest, grusomt skrik kom ut av ganen hans og fylte de andre personene i rommet med skrekk. Han tumlet ukoordinert rundt i rommet, slo til og knuste det som kom i veien hans.

Kenneth ga Bjørn et lite dytt og Bjørn falt om på gulvet, skjelvende og hikstende.

– Ketchup på skjorta – sennep i ræva. Ha ha. Tyskerjævel!

Som en kraftig vind var Torleif i fullt sprang mot Kenneth; jumpet inn i ham. I forfjamselse mistet Kenneth revolveren. Den spratt inn mot veggen. Kenneth mistet balansen.

Den digre unnskyldingen av en mann som satt over ham slo ham halvhjertet i ansiktet gang på gang. Han kjente blodet pipe i ansiktet. Han prøvde å dytte fettklumpen av seg uten særlig hell. Omtåket skjønte han at han ikke kunne klare mange slag til.

Kenneth anstrengte hele seg og deljet panna inn i hodet til Torleif. Med stor suksess. Torleif spratt tilbake i smerte. Så fikk Torleif øye på pistolen og krabbet raskt bortover mot den. Kenneth kastet atter opp, men registrerte heldigvis at Torleif hadde fått tak i pistolen, han løp med hodet bøyd for så å ramme Torleif i magen mens småsaker rant ut av kjeften hans. Nok en gang kjente Kenneth løpet mot hodet, men Torleif hadde glemt at Kenneth var i fullt firsprang. Med all kraft deljet Kenneth begge knyttnevene i Torleifs pung. Torleif falt sammen, mot veggen, skreik og skreik. «Sleip liten fisk, sleip liten fisk», nynnet Kenneth.

Telefonen ringte.

– Dette er lensmann Harald Haraldsen.

– Fint at du ringer!

– Det er tatt ut sak på deg. Reidar Tettstad har anmeldt deg for hærverk og legemsbeskadigelse. Du må komme ned til stasjonen til avhør.

– Drit og dra, «Hårfagre». Det er du som må komme hit. Jeg har mer en småfisk å fare med.

– Harald Haraldsen heter jeg, og det er du som må komme hit på forhør.

– Er du tunghørt, «Hårfagre», jeg har større fisk til deg her på kontoret enn du kan tenke deg. Jeg har ikke tid til å preike om småting. Du har å innfinne deg her innen en halvtime.

Bjørn lå fortsatt på gulvet med dødstrekninger og blodet sprutet som en vannspreder. Kenneth konsumerte pizzaen på trappa.

Major Bjarne «Benny» Herrgårdsli lå over en MG3 og fyrte av runder med ekte fryd. Det var ikke ofte han hadde gleden av å være på skytebanen. Men samtidig hatet han all våpenpussinga etterpå. Han pleide å betale noen stusslige vernepliktige for å gjøre den jobben.

Maskingeværet kilte seg. Sidemannen Kjartan Sildevåg hjalp til for å få geværet i gang igjen. Med raskt klumseri var kula ute etter tre sekunder, og Benny fortsatte skuddrekka. Så stilnet det. Magasinet var brukt opp. Fort skiftet de løp og satte i nytt magasin. Han byttet posisjon med sidemannen som ikke var Kjartan lenger. Kenneth fyrte av maskineriet.

– Men Kenneth, hva gjør du her?

– Jeg trenger en tjeneste.

– Tjenester koster mer enn det du har!

– Jeg trodde tørt brød og vann er betaling nok.

– Tulling, hva trenger du?

– Reise til Israel.

– Er du tullete?

– Nei, jeg etterforsker en sak. En meget viktig opiumssak!

– I samarbeid med politiet?

– Nei, jeg foretrekker å samarbeide med gutta i grønt.

– Ja ja, men jeg gjør det ikke gratis. Hva foreslår du?

– Gratis hjemmebrent i et år?

– Har jeg alt.

– Sesongkort for hele familien på Skei, Hafjell og Kvitfjell?

– Jo, det er bedre. Da skal nok ting la seg gjøre. Jeg fikser ID-kort og reiseordrer til deg, Du får en ukes opphold i Israel til å gjøre det du må. Våpentransport er utelukket, hvis noe skjer deg vil vi ikke ha det på oss. Du får skaffe deg våpen selv i Jerusalem hvis du trenger det.

– Jeg trenger også å vite hvor en Ahmed Omar Mehar befinner seg.

– Det blir nok enkelt, jeg slår ham opp i databasen.

Magasinet var tomt. Skuddstrømmen stilnet. Kenneth lot Kjartan ta over geværet mens de forlot skytebanen.

Turen til Jerusalem hadde vært lang og slitsom. Kenneth hadde ikke mye til overs for å fly militært. Flyet var bråkete og jævlig kaldt. Innflyvningen var taktisk. De siste tusen meterne stupte de rett ned for så å rette seg opp igjen og lande.

Ingenting kunne forberedt ham på sjokket han fikk da han ankom Jerusalem. Alt var skittent, primitivt, så annerledes. Han hadde aldri sett lignende. Han hadde hatt en vag idé om at Israel burde ha vært mer moderne, hadde kanskje vært det en gang?

Nå føltes som om han hadde kjørt tidsmaskin 400 år tilbake i tid. Slaktere som solgte kjøttet sitt i heten uten kjølesystem.

Damene, de få han så, vandret rundt i hijab i flere farger farger – barn av regnbuen – kvinner av staten. Hmm. Han var overrasket over hvor vakre øynene deres var. Forlokkende, forførende øyne.

Det var som om damene, selv om de kunne kun vise fram så lite, hadde pyntet øynene med glitter og stas; selve sjelespeilet slo mot deg. Han tenkte på noe Birger hadde sagt en gang, at jo mindre du ser jo mer opphissende er det, og derfor er norsk sladda porno faktisk ofte mer stimulerende enn noe raskt kjøpt oppe på Reperbahn.

Han veivet rundt markedsplassen og prøvde å finne seg et kjøretøy. Ikke kunne han språket, så enkelt var det ikke. Han ble irritert og lei av å veive og slenge med armene til høylytte israelere som bablet et språk han rett og slett ikke forstod. Men etterhvert med litt vifting med dollar og et meget finurlig tegnspråk som inkluderte å blåse røykringer og bruke fingrene til å tegne en bil fikk han kjerra si, samt sjåfør.

Da sjåføren så på kartet hvor de skulle, stivnet han. Begynte å rope og bære seg. Noen slo til Kenneth i bakhodet; alt ble svart.

Bakbundet, på en lett krakk, kom han til hektene igjen. Over ham var et rep med løkke. Rommet var illeluktende, fuktig og uten andre møbler. Var han i ferd med å ende sine dager? Var det dette han hadde ønsket seg da han ble privatdetektiv? Et trist, kort endelikt hos en forbryterkonge i Israel.

En dør går opp. Fem mann kommer inn. Deriblant en halvfeit mann på ca. 50 år dresset opp i gallauniform, gull og glitter både her og der. Ahmed Omar Mehar i egen person. Kenneth lurte på hvorfor Ahmed hadde tatt seg tiden til å møte opp selv, han måtte jo ha viktigere ting til å ta seg til. Hvor stort var det han hadde rotet seg opp i?

Samtalen gikk på engelsk:

– Nå, Kenneth, skal du si meg hva du gjør her på mine trakter, før du ender dine dager i løkka.
– Jeg lurer på hva som skjedde med Karsten Beitablikk!
– Etter hva jeg har hørt tok han selvmord.
– Hva hvis det ikke var det?
– Du mener du drepte ham?
– Nei, noen andre.
– Hmmm, hvis det var noen andre ville jeg ha visst det nå. Jeg er mye mektigere enn du tror. Hvis du ikke har mer å si, så er det tid for henging.
– Kenneth visste det var noe Ahmed var ute etter, ellers hadde han ikke vist trynet sitt engang; men hva?
– Jeg vet hva du er ute etter!
– Hva mener du?
– Du er ute etter jekken!
– Ja, har du den?
– Nei, men jeg vet hvor den er?
– Så si det, for faen!
– Nei, du må la meg gå så skal jeg levere den til deg.
– Hmmm. Du får en uke. Hvis jeg ikke har den innen da, er du død. Husk jeg har agenter over alt.
– Du må gi meg halvannen uke, det tar meg en uke bare å komme hjem.
– Ok, men ikke en dag mer. Hvis du kødder meg, skal jeg vise deg nye, særlig langsomme måter å dø på.
– Gleder meg!

Ahmed snur seg mot den høyeste graderte jævelen i rommet og gir ham ordre om å grisebanke vettet ut av Kenneth for så å droppe ham i Jerusalems sentrumsgater.

Han ser ti ganger verre ut enn da Karianne kom på besøk til ham der han trasker inn mot campen. Det er en internasjonalt akseptert sannhet at man er bedre med å holde seg unna Carabineri, det italienske militære sikkerhetspoliti som voktet inngangen. Det er en italiensk OR9 med to gule og en rød stripe som tar ham imot. Mannen har svart krøllete hår, karakteristisk ansikt. Stirrer undrende på den usle mannen som trasker blodig og fillete mot ham og trekker opp et skittent ID-kort. «Hva har skjedd med deg?», spør han.

«Noen ganger så er det oss sivile som må lide», smiler han ute av seg. De smiler begge to og med ett har de skapt et kameratslig vennskap. Fabio er nesten ferdig med sin rotasjon og skal reise dagen etter Kenneth.

Kenneth blir invitert til det italienske kvarteret om kveldene. Han koser seg med italiensk mat og vin. De har en ekte italiensk stenovn bygd inn i komplekset. Han lærer at italiensk pizza smaker best i Jerusalem.

Han blir riktig gode venner med Fabio. Et sånt vennskap som vil vare hele livet selv om man kanskje aldri ser hverandre igjen. Fabio lærer at Rød-Mix er den beste tobakken på jord. Siste kvelden sitter de sammen over litt for mye vin.

– Jeg trodde Carabineri var skumle karer.
– Det spørs på øynene som ser. Si ifra en dag hvis du trenger hjelp med snusinga di.
– Det er vel liten fare for at jeg skal bli en stor detektiv, men hvem vet?

Det ventet en overraskelse da han kom hjem. Det var rent. Helt rent. Ikke nok med det. Åshild var i orden igjen. Det var som om ingenting hadde skjedd. Harald Haraldsen hadde gjort jobben sin. Det var sikkert. Han hadde ikke tid til å la forbauselsen komme inn over seg. Han hurtigdusjet. Skiftet og var på vei til lensmannstasjonen. Han takket Harald for jobben og lirket ut av ham beliggenheten til Henriksens brennevinsfabrikk.

Han presset Escorten til bunns mens han digget til Jokkes «Gutta». Han lot motoren stå og Jokke rocke, mens han lurte seg forbi politisperringene.

Det var ikke vanskelig å finne jekken, den lå slengt i hjørnet i redskapsbua. Men hva var det med jekken? Han sjekket etter hemmelig rom, etter endringer i metallet – etter alle mulige og umulige løsninger.

Etter fire timer ga han opp. I sinne kastet han jekken i veggen. Sparket febrilsk i Escorten. Hvis han ikke fant ut hva det var med denne jekken ville han ikke bli noe vakkert lik.

Han sank sammen ved venstre framhjul. Han gråt.

Ahmed satt irritert foran desken sin. Det var gått tre uker siden han hadde sluppet Kenneth fri og han hadde ikke gitt lyd fra seg. Ingen av de lokale i organisasjon TIGR hadde funnet ut noe om hvor han befant seg.

Ahmed hadde satt sin personlige spesialstyrke på saken for en uke siden. De lette også i blinde. «Udugelige rasstapper», tenkte han.

Han skulle akkurat til å gjøre seg ferdig med dagens rapporter da han hørte en velkjent stemme.

– Du savnet meg?
– Hva faen gjør du her.

Han smøg sakte hånden mot alarmknappen.

– Glem det, alarmen er deaktivert. Det er kun meg og deg nå, gamlefar.
– Gi meg jekken!
– Det var lurt det der med å gravere inn det sveitsiske kontonummeret og kode som jekkens serienummer.
– Hva ... hvordan?
– Men ikke lurt nok, en pen og pyntelig sum var det også.
– Du slipper ikke unna. Du vet at jeg dreper deg med det første!
– Sorry, det ironiske er at jeg har brukt dine penger til å finansiere ditt endelikt. Fire uavhengige leiemordere til å fjerne deg fra jordens overflate i det fall jeg dør.
– Hva vil du?
– Jeg er en så snill mann at jeg skal spare livet ditt hvis du lar meg leve og du gir opp forbryterlivet ditt.
– Ikke faen!
– Jeg kan tenke meg til at du har nok millioner lurt bort – tjent opp på all slags dirty business som du driver på med. Du har mer enn nok til å leve som greve resten av livet. Du får denne ene sjansen til å ende forbrytersyndikatet ditt og trekke deg tilbake.
– Din drittsekk!
– Jeg har blitt kalt det ganske ofte i det siste.

Ahmed hatet Kenneth. Ahmed var en mektig forbryterkonge med business i mange land. Han bestemte hvem som levde og døde. Han bestemte. Nå stod det en rødfis av en nordmann foran ham og dikterte ham til å forlate dette. Et null av et menneske som hadde utsmartet ham.

Ahmed visste han hadde tapt.

– Ok, men hvis jeg ser trynet ditt igjen så klorer jeg ut øya dine!
– Ja, det er sant, jeg skylder deg en omgang juling.

Kennet dro til Ahmed så hardt han kunne i ekte Clint Eastwood-stil. Da capo. Så reiste han hjemover. Han ringte Åshild.

– Hei, søta!
– Karianne har ringt etter deg. Hun lurer på hva du driver på med.
– Case closed, jeg gir deg detaljene senere.
– Og så kan vi ha sex.
– Jepp, bare sørg for å ha pizzaen klar i ovnen så er jeg klar for alt.

Han smilte for seg selv, det var nesten som å ha en ekte sekretær.

Karianne åpnet døren. Hun kjente ikke mannen som stod foran henne, eller gjorde hun? Foran henne stod en mann med skinnende skreddersydd italiensk dress, sveitsisk armbåndsur, sossete, ekkel hårsveis og en kort sneip i kjeften.

– Kenneth? Hva går det av deg? Prøver du fortsatt å sjekke meg opp?
– Neppe, jeg er her for å avslutte saken.

Hun kjente en slags trist følelse i seg da Kenneth kaldt henviste til hennes kjærestes selvmord som en sak. Hun var barnslig sånn.

De gikk inn på kjøkkenet og satte seg rundt bordet. Kenneth visste ikke hvilken versjon han skulle velge. Skulle han fortelle den hele og fulle sannheten? Skulle han fortelle at Karsten var innblandet i saker med Henriksen, men at det bare var småfisk? Det var noe annet som tynget ham mer. Han hadde latt Ahmed gå, han hadde latt alle jævlene i forbryterveldet slippe unna uten noen som helst straff. Det hele undergravet alt som mennesker hadde blitt lært opp av rettskaffenhet og rettferdighet.

Skulle han ikke heller ha ofret mer på å gi Ahmed en skikkelig blemme? Nei da, istedenfor hadde han latt ham ham gå. Kanskje han nå satt på ræva et sted i Rio eller kanskje Dubai og kjøpte seg smågutter. Helvete heller, Ahmed trivdes sikkert bedre som «pensjonert» enn i business. Det er ofte sånn.

Kenneth tvang tankene til ro med å unnskylde seg med at han var bare en liten filledetektiv og alt for uviktig til å drive den slags rettferdighet. Bedre å holde seg unna. Bedre å kaste bort tida på småsladder og å finne forsvunne traktorer.

– Fortell da, var Karsten innblandet i de brennevinsgreiene?
– Nei, det var selvmord. Men under undersøkelsene kom jeg
  over denne saken med Henriksen .
– Ja ja, da får du sende meg regninga, da.
– Denne jobben er gratis i og med at Kenneth klarte å lure seg
  unna noe grunker fra brennevinsbeslaget.
– Din luring!

Hun smilte lurt. Hun var ikke så dum at hun ikke skjønte at sjansene var store for at Kenneth løy, samtidig visste hun i så fall at de skyldige ville ha fått sitt.

Hun kjente en dyp takknemlighet inne i seg. Ikke ville hun hatt råd til å betale Kenneth, heller. Hun måttet ha tatt opp lån og puttet seg selv i verre økonomiske rammevilkår enn det hun allerede var i.

Hun innrømmet for seg selv at hun hadde tatt feil av både Karsten og Kenneth. Noen ganger var ting totalt annerledes enn hva det så ut som.

– Takk, jeg mener det virkelig!
– Hvis du virkelig vil skal du få lov til å betale, altså.
– Jeg tror heller du er nødt til å betale litt til.
– Hva?
– Betale middag for meg i kveld.

Del H

Golf

«Det viktigste når man spiller golf er å alltid
vinne en hårsbredd foran de andre, uansett
hvilke midler man må ta i bruk.» – Olav

– Hvor mye skal du ha for bilen din?
– Hva?
– Du hørte vel hva jeg spurte om?
– Ja, men hva mener du?
– Jeg mener hvor mye skal du ha for bilen din?
– Den er jo ikke til salgs. Hvem er det jeg snakker med?
– Vi sitter i bilen bak deg. Vi liker bilen din og har lyst til å kjøpe den av deg her og nå.
– Men jeg har jo ikke tenkt til å selge. Er dette en spøk?
– Nei, vi spøker aldri!
– Vel, dere kan glemme hele greia, skal ikke selge.
– Hvor mye ga du for kjerra?
– 50.000.
– Ok, vi byr deg 65.000 på stedet.
– Men ...
– 70.000.
– Men ...
– 80.000.

– Hvordan skal jeg komme meg hjem ...
– 90.000.
– Hva vil kona si ...
– 100.000.
– Solgt!

Det var en småkald søndags ettermiddag på riksvei 4 like før Lunner. En hvit kameleon mot snøen, en Golf som svingte av veien med en BMW 523 bak. BMW-en husa fire karer i sine yngre tredveår. Samtlige kom ut. Det tok omtrent en halvtime før salget var ferdig og tidligere eier av en snøhvit Golf tuslet fortumlet av sted; hundre tusen kroner rikere.

Brått stoppet han opp, han hørte bråk bak seg. Han snudde seg i noe som han senere husker som en halv evighet, men som antagelig ikke var mer enn et mikrosekund. Han så tre karer delje på bilen *hans* med balltre. Tredjemann stod bak bilen og var i ferd med å starte en motorsag.

En motorsag.

– Hva er det dere gjør med bilen min? Vandaler!
– Hold kjeft, gamlefar, det er vår bil nå! Stikk eller så får du også en omgang med jernet.

Redd, *redd*, løp han av sted. Noe tungt, truende satte seg fast i halsen. Dagens første rasjonelle tanke slår igjennom angsten: «Hvordan fikk de telefonnummeret mitt?»

– Olav, hvordan ligger du an?
– Jeg har tatt rotta på dere siden tiende hull.
– Men ikke nå lenger, vel!
– Nei, Ulf, rota bort hele forspranget på hull 16.
– 5 over par?

– Moroklumpen, kan jo ikke bli mer enn 4. Men regner med komme sterkt tilbake.
– Hvis du kommer i det hele tatt.

(De andre flirer vilt, mens Olav griner på nesen og venter på at pinligheten skal ta slutt.)

Etter mye om og men hadde han overtalt Maria til å ta ham med opp på et tandemhopp. Han hadde aldri hoppet før og var livredd. Ja, han var nervøs nok der han satt i flyet. Han skulle aldri ha gjort det. Hvorfor var han en slik dust. Han kunne ikke tenke seg hvordan dette skulle gå bra.

Han hadde møtt Maria første gangen på flere år sist tirsdag. Maria hadde virket noe forvirret, men lite mottakelig for ham – avvisende. Det eneste han hadde klart å finne på for å komme mer innpå henne var dette dumme tandemhoppet.

Han lukker seg inne, prøver å glemme, glemme hvor han er, hvem han er, høyden, lufttrykket, bråket fra motorene, *glemme*. Maria river ham brutalt inn i virkeligheten.

– Hva er det? Skal vi hoppe nå?
– Nei, nå skal vi snakke, sett deg ned her ved siden av meg.
– Hva skal vi snakke om?
– Jeg tror du vet det rimelig godt!
– Hæh?

Maria nærmest dro ham bort til sin plass. Dyttet ham ned, ved siden av seg, plasserte øynene dypt inn i hans og begynte: «Jeg vet ikke hva slags utspekulerte greier dere driver med, men jeg synes ikke det er noe morsomt å være offer for det. Jeg skal innrømme at jeg ikke skjønte at det var noe på gang før Frode dukket opp, og da var det jo allerede for sent.»

Hun tok en liten pause, mens Olav kikket frossent ut i lufta. «Jeg antar at du kjenner detaljene rundt dette her bedre enn meg, men før du *slipper* unna skal du sitte pent og høre på meg. Jeg har vel kanskje det siste året fokusert mest på jobb og Ronnie, bikkja mi, og mindre på meg selv og kjærlighet. Så da Ulf kom inn i mitt liv som en irriterende mygg og ba meg ut, var jeg lett å lure selv om jeg sikkert var noe sjenert. Det gikk som det kunne gå, mårran etterpå våkna jeg i tom seng og lurte på hvor Ulf hadde gjort seg av, den drittsekken – fløyet over alle hauger.

At jeg ikke tenkte noe mer over saken da virtuelt det samme skjedde med Harald, kan jeg bare skylde på min egen idioti og min hunger på et bedre liv. Men det må jeg si – hvor patetisk Ulf og Harald er i forhold til Henrik. Han dukket opp to dager senere og tok meg med storm, sjarmerte meg inn i en annen verden, og der holdt han meg hele natten i et seksuelt drama uten like. Jeg har aldri følt meg så godt, ei heller så dritt som dagen derpå da han var borte. Fløyet som fuglen, men i allefall var han en veiviser for noe nytt, noe fantastisk i meg, i livet mitt.

Jeg var desperat, jeg ville ha mer av dette. Mer av sensuell seksualitet og orgasmer som kommer fra andre dimensjoner og univers. Jeg ville ha mer. Da Frode dukket opp, var jeg så desperat at selv om jeg skjønte at noe var feil her; fire stykker av den berykta Ostorpgjengen på meg på kort tid, kun for å få seg et nyp. Jeg tenkte som så at det måtte være et veddemål eller lignende – men hva om Frode kunne bringe meg tilbake, tilbake til det himmelrike Henrik hadde vist meg. Jeg hadde ikke råd til å la være.

Samtidig gikk det en djevel i meg for å finne på noe for å få

Frode i fella ...»

Olav så på henne, noe irritert over å være presset i en sådan
ubehagelig situasjon – tatt på fersken – og avbrøt: «Så du
innrømmer at mye var din egen feil og at du faktisk hadde noe
igjen for det sjøl. Og det er jo ikke som vi har gjort noe feil. Du
var jo med på alt sjøl, så kom ikke her ...»

«Hør nå her!», Maria hevet stemmen bestemt, skar inn, «Jeg
vet ikke hva slags dumt veddemål eller lek jeg er en del av,
men faen for drittsekker dere er, og det minste du skal få lov
til å gjøre er å høre på *klaginga* mi og så forklare meg hva som
skjer, før jeg kaster deg av dette flyet.»

Olav nikket, han visste han hadde tapt. «Det er vel ingen
hemmelighet at Frode var like skuffende i senga som Ulf
og Harald. Men i allefall hadde jeg en liten overraskelse til
ham neste mårra som satte en skikkelig støkk i ham.» Hun
smilte smådjevelsk og fortsatte: «Og nå har jeg deg her, siden
Ostorpgjengen endelig er fulltallig – krever jeg svar! Jeg
skjønner jo såpass at for dere spiller det liten rolle hva dere
gjør med livet mitt eller hva som skjer, det eneste dere var ute
etter var fitta mi. Men vet du hva, Olav – uansett hvor stort
søppel dere er så skjønner dere vel at det dere driver med er en
form for overgrep? Nå kan det jo hende jeg får noe godt ut av
det. Øynene opp liksom i livet – jeg trenger mer ... enn jobb og
bikkje. Men det driter jo dere fullstendig i ...»

«... det er nok! Nå er det min tur, Maria. Jeg skal fortelle deg
alt sånn det er. Hele dritten, håper du blir fornøyd da ...»

«... Kom igjen, jeg er lutter øre.»

Olav rettet på seg, satt bena litt fra hverandre og hvilte hendene oppå, en meget åpen og ærlig posisjon i kroppsspråksordboka. Mens han fortalte flakket øynene hit og dit, noen ganger hvilte de mot hennes i korte øyeblikk. Hans øyne var blanke – som på en taper.

«Vi fant ut at vi skulle spille golf, ikke tradisjonell golf, men 18-hulls fittegolf. Det var mye som måtte ordnes når det gjaldt regelverket. Vi la alle inn en mill, så vi fikk en pott på fem mill. Selv for oss er det mye penger. For at et hull skulle godkjennes måtte man ha godkjent caddy som vitne. Han ble kun godkjent hvis alle fem godtok ham ...»

«... Mener du at det var noen som snik-kikka mens ...»

«... Dessverre, ja ...»

«... Dessverre?? ... Det er jo liksom en del av greia deres, da ...»

«... Vel for deg: Dessverre, ja, og ikke bare det, men caddien måtte for hver gang skaffe bevis for oss andre i form av video og bilder ...»

«... Pornofilm! Lagde dere pornofilm av meg! Fittegolf og pornofilm! Nei, nå har jeg nok. Nå skal du ut av dette flyet ...»

Litt av frykt for hoppet, men nok mest fordi Olav hadde fått blod på tann avbrøt han: «... Nei, nå er det din tur til å høre. Så sitt stille og la meg bli ferdig.»

Noe overrasket over hans plutselige bestemthet adlød hun uvillig.

«Det vanskeligste var å finne 18 hull. Det var sånn at hver enkelt kunne ta med tre som de selv bestemte mens nøkkelnummerene 1, 7, og 18 måtte velges strategisk av alle fem. Ingen kunne ha rota med hullene tidligere. Vi brukte to måneder på jakten, og så bar det løs. Det var ingen lett bane vi hadde latt oss ut på ... og det var rimelig turbulens en del ganger, men aldri så ille som nå. Rundt det tiende hullet klarte jeg å sparke fra teten og holdt den til hull 16, du er hull 17 og det er vel ingen hemmelighet at jeg ligger bakerst nå. Veldig bakerst.»

To og en halv dag senere scoret Ulf hull 18 – hole in one.

På tvers av håpløsheten i situasjonen hoppet Olav og Maria likevel tandemhopp. Hjertet til Olav hoppet opp og ned. Han suste fritt, nesten fritt, mot jordskorpa, raskt – raskt av sted. Alt gikk i sakte film. Hodet hans fyrte turbo. Følelsene hans sivet ut i lufta i ett med selve eksistensen. Han enset nesten ikke at fallskjermen åpnet seg, rykket, og hender, hender innefor, letende etter ... Hans hender begynte også å lete etter hennes. Og der oppe i ekstasen... i farten ... i luften – kom han klissete og jævlig – og besvimte.

Eks-Ostorpgjengen så aldri sin leder Olav Ostorp igjen.

Del I

Trinity

«Hva skal egentlig til for å bryte en pakt
som kan utslette en selv?» – Leseren

Han var den beste. I den store, tunge kampen, racet om å være tøffest og flinkest, var han best av alle til å lese skjermen av sikkerhetsscanneren.

Han satt der dag etter dag, mens tusener på tusener av viktige, travle mennesker kom forbi for å sitte som malplasserte fortrengte passasjerer, spise dårlig flymat og frykte at man aldri skulle se bakken igjen levende.

Han kunne skille alle slags vesker, pulver og farser. Han visste når han så pudding og når det var sprengstoff. Det var det ikke mange som gjorde. Det var mange som ikke engang kunne eller gadd å kjenne igjen en neglklipper.

Når han hadde pauser, som han sjelden tok, så pleide han å snik-kikke på sine andre kollegaer. De overså ofte viktige detaljer og passasjerene smuglet farlige gjenstander i hopetall.

Han lurte: Visste terroristene dette? Hvorfor bombet de ikke flere fly? Var det fordi de var redde? Eller fordi man må være så splitter pine gal for å være medlem av en terroristorganisasjon at de fleste forsøkene går ad undas fordi medlemmene har for mange skruer løse? Var Al-Qaida oppskrytt for å skremme menigmann? Var det en unnskyldning for å rettferdiggjøre multinasjonale firmaers og staters overvåkning? Eller jobbet terroristorganisasjonene sammen i skjul og bare nøstet sammen om neste storhit?

Han hadde ikke svar. Bare spørsmål. Han skjønte ikke hvorfor alle de andre tok sikkerheten så slakt. Hvorfor ingen brydde seg. Det hadde vært vanskeligst i starten. Da hadde han ikke passet inn. De hadde ledd av ham som om spørsmålene hans hadde vært latterlige.

Det eneste som fikk ham til å se bort fra skjermen var Kristina. Kristina – hun var et sexy dyr. Alle var etter henne. Han var hemmelig forelska i Kristina, men han hadde ikke guts til engang å snakke med henne. Tross alt var han en liten feiging uten å innrømme det for seg selv.

Antagelig var han ikke forelska, heller, bare miksa opp følelsene med å ønske å nedlegge henne en gang med kjærlighet som menn ofte gjør. Hun fikk alle sikkerhetsvaktene til å snu seg etter seg, bortsett fra Robert. Han fikk henne til å snu seg etter ham. Robert var høy, slank, kraftig med kort, blondt hår og blå øyne. Damene sukket når de ble kroppsvisitert av Robert.

Kristina kom bort til skjermen. Hennes smale ansikt smilte mot han, «Hei, Michael, skal du være med på lunsj?» Han var overrasket, hun snakket til ham, ba ham med på lunsj. Han klarte ikke annet enn å lire ut av seg et ynkelig «Ja.» «Ja, men det er kjempefint, ser deg på bistroen, da.»

Han var i syvende himmel, svevende. Kristina ville spise lunsj med ham. Men han glemte ikke pliktene sine. Han fulgte godt med på skjermen og fant alt mulig slags smårusk. Han var stolt.

Fem minutter før tolv stakk han på toalettet, hadde en kort peptalk foran speilet. Gredde håret, og sprayet seg med billig Netto-parfyme. Han blunket forførende til seg selv.

Skuffelsen var stor da han ikke fant noen Kristina på bistroen. Han lurte på om han var for tidlig ute, men klokka var jo allerede tre over. Hadde hun lurt ham? Han følte varme stige i kroppen. Han ble uvel.

Skuffelsen ble ennå større da hun møtte opp sju minutter senere sammen med Robert. Hun sattet seg ned med et lett hei og pratet i vei med Robert. Han, Michael Grašnik, hadde hun nesten ikke enset et øyeblikk. Han hadde blitt snytt.

De spiste gode, ferske baguetter, men i dag smakte de liksom ikke så godt. Han satt der og hørte på hvordan Robert og Kristina snakket og lo som to forelskete duer. Han satt bare der, spiste og holdt kjeft. Han var så dum, så udugelig. Hvis han bare hadde visst hva han skulle si. Hvis han bare hadde kunnet kommet med en kjempekommentar. Han hadde ingen.

Hun snudde seg omsider mot Michael, «Ja, men Michael, du sier jo ingenting, var baguetten så god at du har blitt målløs?» Begges oppmerksomhet var rettet mot ham. Han kaldsvettet, hjernen jobbet på tomgang, Svaret hans ble en halvkvalt mumling.

«Er han ikke søt?» spurte hun Robert, tok tak i ansiktet til Michael og ristet i ham, «Søtklumpen vår.» Deretter ignorerte de Michael igjen for resten av lunsjen.

Michael var oppløftet, Kristina hadde kalt ham søt. Men så ignorerte de ham igjen, og han skjønte det nok. De hånet ham. De latterliggjorde ham. Han skjønte ikke hvorfor. Han orket ikke mer. Forlot bordet. Tuslet ned til togstasjonen og tok toget hjemover.

Leiligheten hans var sparsommelig møblert. Han hadde ikke hatt noen møbler da han hadde flyttet inn. Det som siden hadde blitt hans bord og stoler var ting han hadde rasket ut av søppelcontainere. Selv TV-en hans hadde en fortid som andre menneskers søppel.

Han satte på MTV, slengte seg ned på sofaen. Døste. Så drømte han:

Ensomhet. Det var ikke det at hun ikke hadde tonnevis av venner og bekjente. Det var det at hun ikke stolte nok på noen av dem. Ikke nok til å komme nær. Hun og de var så forskjellige. De andre menneskene på stasjonen var enten overfladiske eller alt for opptatt med arbeidet.

Omgitt av alle sine venner, alle disse menneskene på månestasjon Equador 2, vasket hun bort ensomheten i stress og arbeid. Det føltes ikke så tungt da. Hun fylte tankene sine fulle av tekniske, vitenskapelige rapporter og tanker.

Hun satte mest pris på å drøfte sine forskningsresultater med sin gode venn Jack Higgins, han hadde slik en analytisk, brilliant hjerne og han manglet ikke poeng på sitt ytre, heller. Hun pleide å gi ham et klaps bak rett som det var.

En gang i blant skjedde det uunngåelige, hun satt alene på atelieret

112

sitt og gråt. Gråt over ensomheten. Hun følte seg helt alene der på månen. Helt alene.

Hun hadde kommet til månen rundt juletider året før, det hadde vært så lite med plass at hun hadde blitt tildelt en av tre bryllup/VIP-suiter. Siden den gang hadde de nok glemt henne og latt henne beholde den.

Hun trodde på drømmer, hadde lært det som liten av sin mor. Man skulle lytte til sine drømmer. Hver morgen malte hun i atelieret, malte ting fra drømmene sine. Hundrevis av bilder var stablet bortover. Bilder av røde ørkenlandskap, tekniske finurligheter og maskineri, mennesker med harde, utslitte ansikter.

Bildene hennes ville nok aldri klassifiseres som stor kunst, men timene hun tilbrakte i atelieret sitt med farger og kost var de som ga henne mest; skapelseskraften.

Hun satt der i sine egne armer og hikstet da noen la håndflaten trøstende på hennes gylne hår, «Så, så da, ikke gråt sånn, du er ikke barn lenger nå, Helen, du er ei voksen jente».

Hun så opp, ble nesten blendet av mannen. Det var en kort mann, men definitiv en mann. Det lyste så merkelig av han. Hun kjente ham ikke, men visste at hun allerede stolte på ham. Kjente varmen fra hånden på hodet, hun følte seg bedre, snufset et par ganger, «Hvem er du?» «Jeg er Jonas.» Han tok hånden fra hodet hennes og så hilste de. «Jeg har aldri sett deg før? Hvordan kom du inn?», spurte hun. «Døren stod vidåpen og jeg hørte sånn en skjønn hulking og fulgte lyden», han smilte mot henne, la hodet litt på skakke for å se henne bedre. «At vi aldri har møttes før er ikke så rart, det jobber 5000 mennesker på denne stasjonen, noen møter man aldri.»

Hun nikket, hun visste hva han snakket om. For en måned siden hadde hun ved hell under lunsjen møtt en av sine tidligere skolekamerater. Hun var gledelig overrasket og de hadde tilbrakt lunsj sammen, bare for å finne ut at de fortsatt var totalt forskjellige og ikke trivdes i hverandres selskap.

«Skal du gifte deg?», spurte han forundret. «Nei, hvordan det?» «Er dette ikke bryllupssuiten?» «Jo, men jeg bare bor her sånn til vanlig, æsj, det er en lang historie.» «Lange historier er kun en unnskyldning for noe man ønsker å skjule. Kan jeg ta en titt?» «Ja, for all del.»

Jonas forflytter seg lekent omkring. Hopper opp og ned. Hun titter på denne merkelige karen som så sprettent og utforskende kikker over alt. Jonas er overveldet av all skjønnheten. Plutselig, som han har totalt oversett det, får han øye på bildene. «Bilder, bilder, bilder», mumler han for seg selv mens han suser som en snill veps mellom maleriene.

Etterpå spiser de kveldsmat sammen i en hyggelig, liten kantine. De sier ikke mye. Begge er trøtte. Helen inviterer Jonas ut for å se på de siste utgravingene neste dag. Noe han takker gledelig ja til, så skilles de.

Ikledd lett nattkjole som danser luftig over kroppen hennes legger hun seg smilende ned i den hjerteformede senga. Senga beveger seg oppover mot en kuppel i taket. Dekket over kuppelen åpner seg.

Med hodet på puta kan hun beskue universet, så stort og så nydelig rett mot henne der hun ligger. Kun fra månen kan man se jorda på denne måten. Jordskinnet skimrer blått mot henne. Hun ser på stjernene, noen ganger virker det som en stjerne flytter på seg. Hun blunker og konsentrerer seg bedre. Da ser hun at de står stille, men blinker, funkler mot henne. Det er en utsikt nygifte verdig! Ut av veggene kommer lav, sløv meditasjonsmusikk. Hun sovner søtelig inn.

Hun drømmer:

Han lot sanden sile igjennom hendene. Rød, tørr sand. Typisk for landskapet. Han står der i sine vanlige arbeidsklær og stirret mot ørkenen som om han lurte på hva som hadde drevet ham dit.

I begynnelsen, før i tida, ville han ha vært ikledd full romdrakt. Men med tiden hadde koloniens tekniske utstyr blitt så sofistikert at man hadde full oksygenproduksjon i området rundt kolonistasjon Saphire og kolonistasjon Opaz.

Man hadde også lette, taktiske, temperaturkontrollerte drakter som kunne produsere oksygen i to timer. Så det var nesten ingen som brukte romdrakter lenger. Kolonistene etterstrebet et vanlig liv og det var nesten sånn at de unngikk arbeid hvor de måtte inn i romdrakten.

Det begynte nesten å bli for koselig, for lett. Hver kolonistasjon hadde enorme, grønne vegetasjonskompleks. Vakre som få. Et nydelig syn mot det røde, golde landskapet. Alle små ting som fikk menneskene der til å føle seg nærmere sine forlatte hjem. Men dette var ikke det Mars han kjente. Han var den eneste igjen fra den første turen. Resten hadde dratt hjem eller hadde funnet sin hvile.

Han tok nok en håndfull sand og lot den gli igjennom hendene sine, før han spaserte tilbake mot basen. Han stoppet opp ved Borricor-systemet.

Den gang de første kolonistene hadde landet, hadde ting vært annerledes. Mange av de tekniske systemene hadde sviktet eller vært ustabile. Livsstabiliseringssystemet hadde fungert så dårlig at de første tre månedene måtte alle konstant bære romdrakt også inne.

Gartnerlaboratoriene som skulle brukes til å dyrke ferske grønnsaker og frukter hadde kollapset helt. Sånn ellers i det store og det hele hadde det vært store ødeleggelser og slitasje. De hadde fort oppdaget at behovet for et bærekraftig transportsystem spesielt for å effektivisere repareringsarbeidet. De hadde bygget Borricor, et banesystem. Transporten hadde skjedd i runde kupler. Med tiden hadde kuplene blitt meget komfortable å reise i.

Kuplene hadde blitt utfaset, men Borricors baneverk snodde seg fortsatt over hele den originale bebyggelsen sånn i tilfelle alt annet skulle feile.

Jan var den eneste som fortsatt brukte Borricor. Han hadde lagd sin egen primitive kuppel som han brukte for sine reiser. Han nektet pertentlig å benytte det nye og mer effektive trikkesystemet.

Med tiden var han blitt meget gammel, langt over pensjonistalder. NASA hadde gang på gang prøvd å sende ham hjem. Jan hadde motsatt seg, med de enkle ord: «Jeg dro ikke til Mars på besøk, jeg dro til Mars for å kolonisere, her skal jeg bli til jeg dør.»

For ordens skyld hadde de latt ham beholde en fiktiv stilling som vaktmester, men i realiteten var han Mars' første og antagelig siste pensjonist.

Kulen tok ham til baksiden av komplekset. Her hadde han et hemmelig arbeidsskjul som kun han visste om. Skjulet var fullt av rusk og rask som han hadde samlet sammen gjennom tidene. En del var oppfinnerprosjekter som han aldri hadde fullført. Det skjulte også Mars' mest komplette laboratorium. Tenke seg til hvis de andre hadde visst om det.

Han hadde hørt mang en gang at når man blir gammel så pleide man febrilsk å minnes sine tidligere år. Sine elleville bedrifter og ikke minst angre på alt man ikke turte å gjøre.

Men han hadde ingen minner.

Han var så rastløs i dag. Visste liksom ikke hva han ville eller skulle. Hadde ikke lyst til noen ting. Han forlot det hemmelige rommet og begynte å vandre. Han vandret mot solen.

Det var varmt, han hadde kun vanlige klær på. Solen stekte. Stekte inne i ham, slukte ham opp. Han gikk og gikk. Til kanten av oksygensonen. Der sank han sammen i sanden. Lot hendene sile igjennom ørkenen.

Solen stekte inn i hodeskallen hans. Inn i bevisstheten hans. Han savnet Magda.

Han fikk en visjon:

Michael bråvåknet, han var dekket i svette. Det var ettermiddag allerede. Hodet hans var tungt, det tok ham et par minutter før han kunne tenke klart. Han slo av TV-en. Han visste at han måtte finne en unnskyldning på hvorfor han hadde forlatt jobben. Han skulle nok bare unnskylde seg og si at han hadde blitt uvel.

Han hadde problemer med nakken sin, antagelig på grunn av for mye ivrig skjermtitting. Han kjente det knirket i nakken. For to uker siden hadde han begynt terapi i form av akupunkturmassasje. Joda, han hadde prøvd andre ting tidligere, leger, fysioterapeuter, kiropraktor og vanlig massasje, men ingenting hadde vært særlig effektivt.

Kiropraktoren hadde riktignok knekt ham bedre den første gangen bare for neste gang å knekke ham tilbake i elendigheten. Fysioterapeuten hadde gitt ham hjemmeøvelser som over tid hadde fått ham verre enn noen gang.

Heldig hadde han vært som hadde funnet akupunkturmassasjen, den løste opp alt mulig rart i ham. Så mye at han ble rent skremt noen ganger. Fru Retina, som masserte ham, hadde fortalt ham at han hadde hatt blokkeringer over hele kroppen – at først nå var de på vei vekk.

Han visste at han snart måtte stoppe behandlingen, det ble for kostbart, men han skulle holde på så lenge han kunne. Kanskje hadde han nok til tre ganger til.

Han dusjet og skiftet klær. Stakk ut på gata. Spaserte på vei til Fru Retina. Hun var en eldre kvinne. Massasjene gjorde hun med en peker som både var ekkel og kilte, og når han fikk latterkrampe var Fru Retina streng. Så streng at han ikke turte annet enn å holde latteren i seg.

Men hun hadde varme, snille hender som gjorde ham godt. Selv om han betalte for det, var det en god nærhet. Han savnet nærhet.

Han kom fram i tide. Hun ventet på ham. Lot ham gjøre seg klar og legge seg på massasjebenken og så begynte hun torturen.

Det var hans femte behandling. For første gang siden behandlingen startet klarte han å slappe av. Det var deilig. Han forsvant. Meditasjonsmusikk plumpet i ørene hans.

Tanker, tanker, spant rundt i hodet hans som virvelvinder. Bruddstykker av samtalen mellom Kristina og Robert presset seg til bevisstheten. «Hvis du visste hvordan det var å være kvinne, hvordan alle mannfolk hele tiden stirrer på deg og tenker kun en ting: sex og atter sex. Ja, og ikke nok med det, når vi damer går på butikken eller shopper, spesielt med meg som tør å kle meg, så stirrer andre kvinner på meg med hatefulle blikk. Du burde gå alene til en homoklubb så vil du kanskje forstå hva jeg mener.» Robert hadde smilt lett, «Jeg har prøvd det, mange ganger.»

Han husket tilbake til sin tid som soldat. Det var lettere å være soldat. Man trengte kun å lære reglementet i sin egen lille jobb og så ble alt annet sørget for. Riktignok hadde mange medsoldater blitt sure fordi han alltid fulgte reglene, men sjefene hadde satt pris på ham og gitt han stadig mer innflytelse.

«Ingen BOM-BOM-tanker, du må kun tenke på Gud, kun Gud!», minnet fru Retina ham på, «Ikke la alle problemer og bekymringer bekymre deg, men konsentrer kun på Gud. La Gud ta seg av problemene.» Han prøvde. Han tenkte på Gud. Han så et fiolett lys og lot det omfavne ham.

Da han var ferdig følte han seg kvalm. Massasjen løste opp så mye merkelige energier, så kroppen skalv. Han hadde ikke lyst til å dra hjem med en gang. Han kapret en taxi.

Han ba sjåføren kjøre ham til havnen. Det var mye ståhei i sentrum den dagen. Mer enn vanlig. Han spurte sjåføren hva som var på gang. «Vet du ikke det? Hvilken planet lever du på? Ja ja, det er jo EU-parlamentet som holder møter her. Og da er det jo mye annet som flyttes med, blant annet så massetransporteres horer fra hele Europa sånn at man er sikre på at toppene kan riktig more seg imellom den meningsløse pratinga.»

Michael var forbauset, «Mener du å si at de er en gjeng skitne horekunder?» «Verre enn som så, de er blant de verste i sitt slag, feite, gamle basser som får utløp for sine undertrykte fantasier og utløp for sine maktspill.» «Men er det ingen som gjør noe?» «Det tåler nok ikke medias lys, og hvis det noen gang gjorde det så ville man ha ristet forbauset på hodet, oppnevnt en kommisjon, dysset det ned med tiden, for å fortsette akkurat som før.»

Michael tenkte, så fjernt hele denne verden, og all denne grusomheten var fra det å være nærme Gud. Han ønsket seg nærmere.

Han lurte på hvorfor han drømte om mennesker på månen. Han visste jo godt at det ikke var noen der.

Han vandret nedover havna, timesvis, bort fra sentrum, mot industriområdene. Han kom over noen grotter, valgte å ta veien inn for å se. Han gikk innover grottene.

Så satte han seg ned og begynte å meditere på Gud. Verden rundt ham forsvant. Han så et fiolett lys. Lyset dekket seg om ham. Han så:

Hun hadde blitt igjen i grotten etter endt arbeidsdag. Hadde sittet der alene i en times tid. Fundert på sin nye venn Jonas. Hvem han var og sånn. Hun var ergelig på seg selv for at hun ikke hadde slått ham opp på datasystemet for å få litt mer info.

Jonas avbrøt tankestrømmen hennes med et lite jump. Betraktet med nysgjerrige øyne hulen. Snudde litt på hodet, skjevt mot høyre og titter inn i øynene hennes. Hun innbilte seg at øynene hans skiftet fargenyanser alt etter hvilken vinkel de er i. De glitret.

Hun tar ham i armen og viser ham rundt. Det er mange huler og utgravninger og det tar dem to timer å gå rundt hele. Hun legger saklig ut om arbeidet sitt, men kommer nå og da med noen vittige kommentarer sånn man ofte gjør når man er i godt lag.

Han spurte henne om hun var singel. Hun svarte ja. «Hvorfor?». «Neeei ...,» hun dro på svaret, «jeg har aldri fått det til å klaffe med gutter. Det er som om vi jenter og guttene lever i to forskjellige verdener, de er så opptatt av gutteleketøy, vise seg og konkurrere med andre, mens vi jenter er deres sex- og morsobjekter. Det passer dårlig inn med oss jenter som vil kose, gå lange turer sammen, hviske hverandre hemmeligheter i sanden – dele alt. Med tiden har jeg blitt vant med å være alene, latt jobben ha prioritet og sant å si så har jeg rett og slett ikke tid lenger til å tenke på mannfolk.»

Han anklager henne for å være redd for menn. Hun svarer ærlig ja og at hun ikke skjønner seg på dem, og at de skremmer henne.

«Har du noengang prøvd å gjøre det med en annen jente?» spør han. Hun ser på han med et blikk som sier «Hva slags spørsmål er dette?» og svarer: «Ja, to ganger. Det kan godt hende at mange jenter får mye ut av det, men for meg ble det veldig rart og feil.»

Jonas lurer på om hun ikke frykter ensomheten. Hun svarer at mange ganger er den tung og takle, rett og slett desperat. Som oftest går det bra bare man holder tankene på rett plass. Det er en enveiskonversasjon hvor Jonas spør og graver og Helen svarer og svarer. For en gangs skyld liker hun det, det er deilig å snakke ut om seg selv.

«Du har ikke lyst på barn, da?»

«Alle dere menn tror at det eneste vi kvinner tenker er å finne er kar som er robust nok, og få den jævla ungen. Kanskje noen av oss er sånn, men for meg handler det å få barn om stort ansvar. Det handler om å ikke gjenta den arven av feil som kommer fra foreldrene og dem før der igjen. Det handler om å skape en trygg verden. Det skal litt av en mann til før jeg i det hele tatt vil tenke på det å få barn. Egentlig har jeg gitt opp tanken på det.»

Jonas spør henne om hva hun drømmer om i livet. Hun svarer at hun pleide å drømme om å hjelpe andre mennesker. Istedenfor endte hun opp her; langt fra drømmene sine, men absolutt ikke misfornøyd. Han sier at det er fordi hun har gitt opp drømmen sin.

Han lar hendene sine gli over magen hennes, ikke sensuelt, men på en varm og vennlig måte. «Du har problemer med din mor og far.» Hun er nesten sjokkert, har lyst til å avbryte ham, si at han tar feil. Innerst inne vet hun at det er sant.

Hun kjenner en varm strøm gli fra hendene hans og inn i magen og livet. «Jeg prøver å løse opp blokkeringene til dine foreldre. Du kommer nok til å føle noen smerter, både fysisk og psykisk de nærmeste dagene – men tro meg det er verdt det.» Hun nikker setter pris på det han gjør.

Hun hvisker ham i øret: «Kom.» Hun hopper lekent av sted, gjennom et hav av kronglete korridorer og ganger. Steder med dårlig eller ingen belysning. De kommer til et lite, men koselig hulrom. I enden er en hylle gjort om til bord. På bordet er figurer av forskjellige jordlige guder. Foran gudene er det halvbrente lys og røkelse.

På gulvet er et nydelig teppe. Han spør henne om det er ekte Kashmir. Hun svarer at det er en replika framstilt av syntetisk edderkoppspinn. En plutselig tanke slår henne: *Hvorfor drømmer jeg om Mars? Alle vet jo at det ikke finnes mennesker der.*

Hun tenner tre lys og tenner på røkelse. Lukten av sjasmin flyter ut i rommet. De setter seg på kne på teppet. Rolig meditasjonsmusikk siger ut av veggene. De ber. De faller i transe. Hun glir inn i en annen verden av lyd og bilder:

Magnus er yr av nysgjerrighet og glede. Dette er første dagen hans på Mars. Han ser fram til alle tingene han skal utforske. Han er irritert på foreldrene som vil holde ham inne i deres nye leilighet. De vil bruke hele dagen til å pakke ut. Pakke ut kan man jo gjøre senere. Han vil ut på oppdagelser.

Under middagen driver faren og legger ut om de underligste saker og ting som vanlig:

«Tenk deg det, i Norge så dreper man 10.000 hjort årlig. Men likevel så er det fortsatt nok til å drepe 10.000 mer hvert år. Tenk på den hjorten da, levd hele livet sitt i sus og dus. Drømmer om et rolig liv der i skogen sin og så bang – så ender den opp på middagskåla vår. Kan du tenke deg den blir overraska da? Tenk deg millionbyer som New Delhi, Mexico City, Sao Paulo, etc. Hvor mange munner som skal mettes hver dag. Hvor mange dyr som må bøte med livet. Hvilket enormt «Nazi»-maskineri som er utbygd rundt for å opprettholde en sånn by. Hvor mange skjebner som ender med et: Sorry – du er nå en annens pålegg.»

Ordet «nazi» var et totalt avleggs ord som faren likte å bruke for å fargelegge ting han ikke kunne fordra. Mange hadde ofte problemer med å forstå hva han mente.

«Tenk deg det når det er enn naturkatastrofe og tusener på tusener dør. Foreldre gråter og forbanner Gud og verden for at deres barn er borte for alltid, men tenker ikke et øyeblikk på at det de spiser til middag nesten hver dag har ubønnhørlig blitt frarøvet livet. Tenk på det, da, ja, men tenk på det!»

Sånn kunne han holde på i timesvis. Moren synes det var like kjedelig som Magnus. Slagene hun hadde mottatt gjennom årene hadde lært henne å holde kjeft. «Du kan glemme jorda nå, pappa! Vi er på Mars nå!», sa Magnus og så sprang han ut av leiligheten. Her skal det oppdages og utforskes.

For en gang skyld satt Jan inne på kontoret sitt. Han funderte på om frøene hans var ferdige. Om han skulle teste de nå eller jobbe mer med de. Lett irritert ble han da en liten guttevalp skvatt hodet sitt innom. Mer irritert ble han da gutten spurte om han virkelig var Jan. Gutten fortalte freidig at han hadde lest om Jan og ønsket å vite alt om ham.

Jan hadde mest lyst til å fortsette med frøene sine. Men skjønte fort at gutten faktisk mente alvor. «Hvor vil du at jeg skal begynne?» «Begynn med turen til Mars.» Jan tok et dypt pust. Tenkte seg godt om. Han hadde aldri fortalt hele historien til noen, men nå som han var så gammel kunne det være liksågreit.

«Ok. Jeg hadde en drøm om å dra til Mars allerede som liten gutt. Jeg hadde sett på TV-program om planetene og om hvordan NASA en gang i framtiden planla å kolonisere Mars. Så jeg lot det alltid være en drøm i bakhodet mitt det å forlate jorda som gammel og leve de siste år på en helt annen planet.

Senere var jeg på klassetur i Krakow. Det var en vakker by og så var det så sinnssykt med fine damer der. Et mekka for oss gutta. På det ene utestedet pleide jeg å sitte i en av barene, supe i meg øl og noen ganger en black russian. Jeg pleide å prøve å sjekke opp bartenderen som best jeg kunne.

På mindre travle dager pleide bartenderen å lese en sånn vitenskaplig tidskrift. Ikke det at hun var så veldig interessert i vitenskap – men det fikk tida til å gå. Sådan gikk dagene og selv om det aldri ble noe mer enn pratene i baren så hadde jo et vennskap utvikla seg, og hvem vet hva som hadde skjedd hvis turen hadde vart en uke til. Så jeg sa til henne da jeg forlot henne at jeg skulle komme tilbake om 50 år og ta henne med til Mars.

Så lenge gikk det riktignok ikke, men da jeg stod på døra hennes og ba henne være med hadde hun både mann og unger. Hun kjente meg knapt igjen. Sportslig som hun var, kanskje i søken bort fra det daglige, sa hun ja.

Jeg tror ikke det var lett for Magda å forlate mann og barn på den måten. Og mange ganger her på Mars så jeg nok lengselen i henne. Jeg ba henne dra hjem igjen den gangen de startet å arrangere tilbaketransport. Hun lot meg forstå ettertrykkelig at man kommer ikke tilbake etter å ha sveket noen totalt. For å være ærlig skjønner jeg det. Jeg tror de fleste hadde vendt tilbake, men Magda var en sterk kvinne.

Vi var 20 par som ble utvalgt. Siden det ville ta alt for lang tid i papirmølla av byråkrati for Magda til å skille seg og gifte seg på nytt skaffet vi falske papirer. Forfalskningen ble ikke oppdaget før hun døde. Da var det så vidt jeg klarte å komme meg unna fengsel for dokumentfalsk.

Vi hadde 16 måneder med trening på jorda før vi dro ut på ferden. Treningsprogrammet var omfattende og pågikk 12–15 timer hver dag. Kun annenhver søndag fikk vi fri. Det vi lærte på de 16 månedene omfattet ikke bare romfart og Mars, men også elektronikk, biologi, kjemi, datateknikk samt en god del hybridteknologier. Det var så mye at vi alle gikk i spinn.

Så reiste vi, under reisen lå vi i dvale akkurat som du gjorde da du kom hit. Vi våknet tre timer før vi landet. Jeg kan fortelle deg at det er det mest utrolig spennende timene i mitt liv. Endelig skulle menneskene gjøre krav på den røde planet.

Så begynte problemene. Landingen ble ikke så myk som man hadde ventet. Mange av systemene som skulle holde oss i live sviktet helt eller delvis. Det ble en helvetes tid i kamp mellom menneskene og Mars. Men vi vant til slutt.

Jeg og Magda hadde vel aldri helt fått tid til å bli skikkelig kjent med hverandre. Men her i den verste tida lærte jeg at jeg hadde funnet den rette. Jeg hadde fulgt hjertet mitt og realisert min drøm. Og, lillegutt, jeg kan fortelle deg at sexen var helt enorm.

Jeg husker fortsatt hennes siste ord. Jeg satt ved siden av henne på sykesengen. Holdt henne i hennes høyre hånd. «Be familien min om tilgivelse», sa hun og lukket øynene. Hendene mine klemte hardere om henne. Hun var som borte. Så åpnet øynene seg igjen. De hadde en merkelig glans som jeg aldri har sett før. Hun smilte, «Jeg angrer ikke. Kocham cię, Jan». Så sank hun hen. Det var et vakkert øyeblikk. Det var den eneste gangen hun sa det. Resten får vi ta siden.

Har du lyst å være med ut og plante et tre?»

«Et tre? Hva slags tre?»

«Et gullepletre»

«Jeg er femten år, ikke fire, jeg vet vel at det ikke finnes gullepler.»

«Det gjør det nå. Jeg har utviklet disse spesielle frøene på egenhånd i laboratoriet mitt.»

«Det tror jeg ingenting på, men la oss prøve, men da lover du å fortelle meg resten av historien i mårra.»

De gikk ut. Litt unna der hvor de andre epletrærne stod. Jan fortalte Magnus at han ikke hadde spurt om lov til å plante treet. Men sa også at det er lettere å få tilgivelse enn tillatelse.

Det var et høytidelig øyeblikk der de stod og plantet treet. Gutten sa noen velvalgte store ord. Etterpå sovnet Jan på kontoret sitt. Han drømte:

Michael ble brått drevet ut av meditasjonen ved at en kald, stor dråpe dryppet i pannen hans. Deretter en til – ikke så stor denne gangen. Å bli avbrutt midt i meditasjon skaper ofte en slags sjokktilstand. Michael slo fortvilet rundt seg, skjønte ikke hvor han var. Etter et minutt så begynte han å roe seg ned.

Det var mørkt, men han kunne skjelne omriss. På veggen foran seg så han en diger bille.

Han hatet biller. Intenst siden barndommen. Den stod stille, to gigantiske følehorn speidet omkring. Michael satt stille i fem minutter før han turte å bevege seg. Han var redd.

Han reiste seg, kjente det knakte i kroppen. Han gikk ut av hulen. Det var natt. I hulekanten fikk han øye på noe som glimtet. Det var en flaske. Inne i flasken var det to papirark.

Michael åpnet flasken. Lirket papirene ut. På det første papiret var det to mennesker, en jente og en gutt, en diger sol og et tre med solepler. På det andre arket var det en diger sjø, en hel masse mennesker på en øy, ei stygg heks og en stor regnbue.

Han tenkte på det. Det måtte bety noe. Treet bar åpenbart gullepler. Jenta måtte være prinsessen som han skulle få. Alle menneskene på øya var alle de sjalu frierne. Og heksa var nå ei heks. Han følte glede i seg da han skjønte at han snart skulle finne seg ei jente.

Michael tok med seg papirene inn i hula. Billen var fortsatt på samme plass. Han hadde lyst til å knuse billen, men billen var så stor, han var redd for at den ville hoppe mot han. Han ønsket billen til helvete. Billen rørte seg ikke av flekken. Han satte seg ned og omsider falt han i meditasjon.

Hun våknet, merkelig tilfreds. Så glad og uthvilt hadde hun ikke følt seg på lenge. Men det var noe mer i dag. Så kjente hun armen som lå mot hennes skulder. Hun snudde seg og så Jonas ved siden av seg.

Hadde de elsket? Hun trodde ikke det. Prøvde å huske. Nei,

de hadde kun holdt hverandre hele natten. Så trygt og godt det hadde vært. Hun reiste seg opp og begynte å male.

Han våknet. Gikk bort til henne, han var helt naken. Rundt nakken hadde han en amulett, en hvit, uskyldig sten med noen merkelige inskripsjoner på. Han la hodet litt sånn nysgjerrig på skakke som han pleide å gjøre. Hun snudde seg og så rett inn i de glitrende øynene hans. De smilte kjærlig til hverandre – kysset, så gikk de tilbake til sengen.

På lerretet var det malt et stort, vakkert gulleple.

Magnus hadde fått portforbud av faren, men sneik seg ut likevel. Han sprintet opp til Jan og forlangte at Jan fortalte videre. Jan var ikke irritert lenger over guttens tilstedeværelse. Han følte faktisk glede over hans tilstedeværelse og det lå lettelse i det å fortelle om seg selv. Han hadde minner, mange av dem.

Etterpå tok han med seg gutten til det hemmelige skjulet. Den første siden Magda som fikk vite om det. Gutten var oppspilt og glad. Overlykkelig over alt som var der. Mars rommet så mye som var nytt i hans verden. Han elsket alle små ting i laboratoriet. Jan måtte forklare om hva hver enkelt lille gjenstand var.

Jan følte en merkelig glede. Takknemlighet for nærheten og det å ha funnet en ny venn.

Der. I et øyeblikk på tvers av tid, sted og rom ble Michael, Helen og Jan klar over hverandre. At de levde i hverandres drømmer. De visste ikke om de kun eksisterte i drømmen. Ville de slutte å eksistere hvis drømmen ble brutt? Alle hadde fått nye ting å leve for, de turte ikke å ta sjansen. En «alle for en»-pakt ble laget. De skulle drømme om hverandre så lenge minst en av dem ønsket at den skulle fortsette eller til døden skilte dem ad. Hvilket ikke trengte å bli lenge, siden Jan var blitt en gammel mann.

Etter en uke gikk Michael ut av hulen. Han skulle jakte på sin prinsesse. Da han kom ut av hulen så han to kjemperegnbuer strekke seg parallelt over bukta. Han strakte tegningen med regnbuen opp og sammenlignet dem med himmelhvelvingens skatter.

Det var som om regnbuen på papiret sluttet seg sammen med de to andre. I et kort sammensurium av tid var det tre regnbuer.

Outro

«Når veier av tid, skjebner og virkelighet møtes

kan det bli ganske hett, enkelte ganger er det bedre

med en god, sval vind.» – Hovedpersonen

I hjørnet av hjørnesofaen sitter Marian. En gammel, slitt sofa, med gule blomster og blått omkring. Gyselig farge. Stoffet er i ferd med å oppløses. Hun driver «Marian og Angelik» en dominerende bakerikjede i Nederland med vidunderlige paier.

Hun har fått totalt latterkick og ler seg skakk av alt og alle.

Til høyre sitter Jack Higgins, en ung jypling av en brite. Jeg møtte ham for første gang i natt. Han er tydelig belært, men har av en eller annen grunn mistet besinnelsen helt. Av og til knuger høyrehånden hans på noe som ligner en rosa hatt, antagelig noe han har stjålet fra et mislykka sjekkeobjekt. Han sitter og preiker uten ende om hvordan han vil kutte opp tilfeldige mennesker på gaten. Han kaller det kunstdrap. Jeg tror han har dratt noen linjer med kokain.

Til høyre for ham igjen sitter Birger. Hva Birger gjør her skjønner jeg ikke mye av, virker som en typisk taper, spør du meg. Han sitter helt apatisk og prøver å slippe å høre på al søpla Jack serverer ham, uten særlig hell.

Til venste for Marian sitter Vidar. Han har fått det villeste spisekicket jeg noen gang har sett. Han har satt til livs det meste av snack og mer til i leiligheten. Bordet er fylt av tomme skåler og emballasje. Nå driver han og setter til livs urgamle nøtter. Jeg lurer på hvordan han kommer til å føle seg når han omsider blir nykter.

Nikos har jeg kjent en stund, traff ham for første gang dengang jeg var i Thessaloniki. Han har spydd på dass tre ganger alt og har omsider sovnet inn til venstre for Vidar. Snorkinga hans irriterer alle bortsett fra Jack.

Harriet sitter på gulvet tvers over fra Marian. Jeg tror ikke hun har røyka noe. Men hun er så dritings at hun sitter og nynner gamle Erik Bye-sanger for seg selv. Et typisk tegn på at man har fått nok.

Jeg reiser meg, går bort til kjøkkenkroken. Der sitter en nydelig jente med kastanjebrunt hår kledd i grønn morgenkåpe. Ikke ofte jeg har så fint besøk. Jeg starter en samtale:

– Maria, hvordan er det å være en mester?
– Det er helt jævlig, men også godt. Man blir en del av alt, eller alt blir en del av deg. Alt det grusomme, men også alt det vakre. Og så har man sånne jyplinger som deg som alltid vil stille dumme spørsmål og prøve å sette oss mot veggen, finne motsetninger eller feil med oss. Derfor er det få virkelige mestre som forteller det til resten av verden. Det beste er å holde kjeft.

Det følger en knugende stillhet. Det blinker i øynene hennes. Vakre øyne øyne som rommer nesten uendelig mye. Jeg vet hva det betyr. Jeg gir tegn om aksept. Hun reiser seg og går opp til et soverom.

Jeg går bort til kjøkkenvinduet, putter hodet mellom gardinene. Ser ut mot solen. Det er mye trafikk denne morgenen og alt for mye sol. Kroppen er for varm, svetter, sliter, blir svimmel.

Jeg følger etter opp trappen mens jeg tenker: *Så er det likevel sant at alle veier fører til Rom.*

Du har nettopp lest første bok i Chand Svare Gheis fortellingstetralogi:

Bok 1
Nesten som magi
Er introduksjonen til et fiktivt univers nærmest som vårt, men med merkelige og uventede forskjeller. På vår reise mellom steder og genrer så er vi aldri trygge på hva som er virkelighet og hva som er fantasi.

Bok 2
Mørket – Håpet
Tar oss dypere inn i det fiktive universet, men denne gang til et dypere personlig plan. Individets kamp om tilværelsen. Personene vi møter, opplever sitt livs verste krise, ofte i situasjoner tilsynelatende uten utvei.

Bok 3
Regnbuepyttene
Når man noen ganger må gi slipp, gi opp, så er det faktisk der i brytningspunktet at man kommer til selve begynnelsen.

Bok 4
Foreløpig uten tittel
Personer som vi har blitt glad i gjennom de tre første bøkene har på underlig vis strandet opp på en øy, plaget av et mordmysterium som sårt skriker etter oppklaring.

www.chasvag.com